商务礼仪

SHANGWU LIYI

主　编　薛琳之　刘　红

副主编　李敏瑜　户月青　王怡婷　刘　瑜

　　　　李　丞

参　编　刘小凤　颜幽燕　蒋媛媛　陈　星

　　　　向彦霞　贾　超　曾　莉　周　倩

主　审　邬前伟　薛爱科

重庆大学出版社

图书在版编目（CIP）数据

商务礼仪／薛琳之，刘红主编. --重庆：重庆大
学出版社，2021.6
ISBN 978-7-5689-2563-1

Ⅰ.①商… Ⅱ.①薛…②刘… Ⅲ.①商务—礼仪—
中等专业学校—教材 Ⅳ.①F718

中国版本图书馆CIP数据核字（2021）第068155号

商务礼仪

主 编 薛琳之 刘 红
策划编辑：章 可

责任编辑：夏 宇 张 策 装帧设计：章 可
责任校对：关德强 责任印制：赵 晟

*

重庆大学出版社出版发行
出版人：饶帮华
社址：重庆市沙坪坝区大学城西路21号
邮编：401331
电话：（023）88617190 88617185（中小学）
传真：（023）88617186 88617166
网址：http://www.cqup.com.cn
邮箱：fxk@cqup.com.cn（营销中心）
全国新华书店经销
重庆五洲海斯特印务有限公司印刷

*

开本：787mm×1092mm 1/16 印张：7 字数：159千
2021年6月第1版 2021年6月第1次印刷
ISBN 978-7-5689-2563-1 定价：21.00元

　　随着社会的快速发展，人们的社会交往日益频繁，礼仪作为联系、沟通、交往的桥梁显得尤为重要。在现代文明社会，真诚得体的礼仪日益成为人们扩大开放、增进友谊、促成合作的重要方法和手段。学生只有具备一定的商务礼仪，才能适应现代商品经济社会的需要和行业发展的要求。

　　商务礼仪所涉及的范围很广，主要包括形象礼仪、生活礼仪、社交礼仪、职场礼仪、学校礼仪、涉外礼仪、电话礼仪、服务礼仪、餐饮舞会礼仪、节日民俗礼仪等多方面的内容。

　　本书除了介绍商务礼仪的知识，还介绍了商务公关与沟通技巧的知识，是一本兼具科学性和实用性的礼仪教材。同时，本书融知识、技能、素质培养于一体，培养学生庄重大方、热情友好、谈吐文雅、讲究礼貌的行为举止，使其具有热情、礼貌、善于沟通和合作的品质。通过本书的学习，希望使学生能够胜任未来就业岗位的要求，并保持可持续发展。

　　本书由薛琳之、刘红担任主编，李敏瑜、户月青、王怡婷、刘瑜、李丞担任副主编，刘小凤、颜幽燕、蒋媛媛、陈星、向彦霞、贾超、曾莉、周倩参与编写，邬前伟、薛爱科担任主审。

　　由于作者水平有限，书中难免存在不足之处，恳请广大专家和读者批评指正。

编　者

2021年5月

SHANGWU LIYI

MULU

目　录

项目一
商务礼仪基础

【项目情境】

琳达初入职场，应聘了一家礼仪文化传播公司，在市场营销部做销售员。连续两个月，她的销售业绩都不达标，面临被解雇的危险。琳达焦急万分，正当她一筹莫展的时候，营销总监的一席话让她找到了方向。总监问她："你了解礼仪吗？知道为什么要传播礼仪文化吗？我们作为一家礼仪文化传播公司，如果我们自己都不懂礼仪，又怎样去传播呢？"琳达恍然大悟，原来她在校期间并没有系统地学习过礼仪课程，进入公司后也是懵懵懂懂，没有头绪地瞎忙一通。由于不懂商务礼仪，她丢失了一些本应得到的销售业务。于是琳达给自己定下了一个小目标：系统、认真地学习礼仪知识，这不仅是为了工作，也是为了做更好的自己。

想一想

什么是礼仪？学礼仪能给我们带来哪些好处？

[任务一]

礼仪的内涵

◆ 任务目标

知识目标	①了解礼仪的内涵 ②了解礼仪的发展史 ③了解礼仪的作用
技能目标	能说出礼仪和商务礼仪之间的联系
素养目标	明确礼仪的重要性，树立学礼、懂礼的意识

◆ 任务情境

　　琳达在学习的过程中发现礼仪并不只是我们通常认为的在公交车上让个座、见面问声好那么简单，而是一个人内在修养和外在素质的体现。这让琳达学起来更有动力了。

想一想

　　礼仪有哪些内涵？礼仪的起源是什么？

◆ 任务学习

一、礼仪概述

　　礼仪是指人们在社会交往中受历史传统、风俗习惯、宗教信仰、时代潮流等因素影响形成的，既为人们所认同，又为人们所遵守，以建立和谐关系为目的的各种符合交往要求的行为规范和准则的总和。总而言之，礼仪就是人们在社会交往活动中应共同遵守的行为规范和准则。

　　从个人修养的角度来看，礼仪是一个人内在修养和素质的外在表现。

　　从交际的角度来看，礼仪是人际交往中适用的一种交际方式，是人际交往中约定俗成的示人以尊重、友好的习惯做法。

　　从传播的角度来看，礼仪是人际交往中进行相互沟通的技巧。

　　崇尚礼仪是中华民族的优良传统，也是现代人必备的基本素质和精神追求。学习和实践礼仪，要注意以下几个方面：

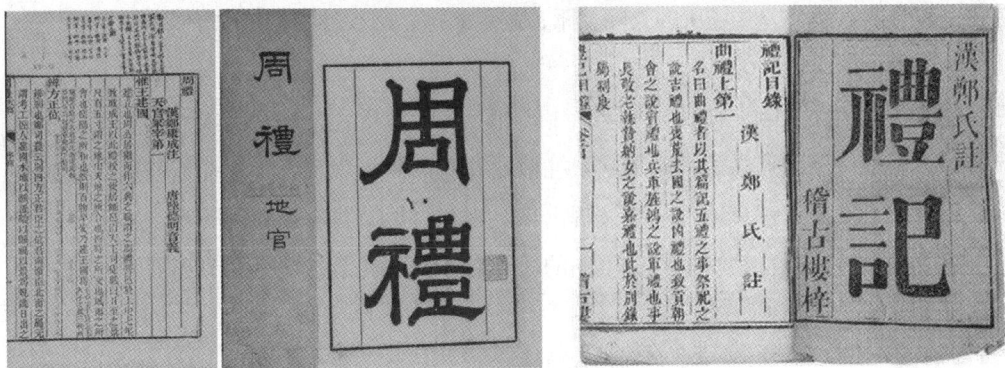

①注重道德修养。礼仪是人的内在道德修养的外在表现。只有修于内，方能行于外。缺乏道德修养，不可能真诚自觉、表里如一地体现礼仪要求。作为一个现代公民，要自觉树立社会主义荣辱观，加强爱国、敬业、诚信、友善等道德规范修养，不断提高自身的道德素质，把公民基本道德规范融入日常工作、学习和生活之中，努力做一个讲道德、重礼仪的现代文明人。

②注重实践养成。礼仪是知与行的统一。自觉、系统地学习礼仪、知晓礼仪，是实践礼仪、养成文明行为习惯的基础。礼仪无处不在、无时不有，践行礼仪不可能一蹴而就，必须立足日常、注重日常、注重细节，时时习礼、处处用礼，坚持不懈、持之以恒、日积月累。

③注重行为示范。在社会交往中，个人礼仪行为在客观上起着积极的示范作用，其言行举止、仪容仪表生动具体地传播着文明礼仪规范，潜移默化地引导和带动身边的人学礼用礼。现代社会的每一个人都要强化礼仪意识，争当传递文明的使者，共同塑造热情好客、文明礼貌的良好形象。

二、礼仪的含义

礼仪是"礼"和"仪"两个语素组成的合成词，人们对它的认识是多层次的，而组成这个词的两个语素的含义非常丰富，主要包括礼貌、礼节、仪式、礼俗、礼制等方面，它们之间既有联系又有区别，共同组成了礼仪系统。

如果说传统意义上的礼是一种涵盖一切制度、法律和道德的社会行为规范的话，今天所谓的礼则仅仅是对礼貌和相关活动的礼仪形式而言的。

1.礼貌

礼貌是指人们在交往过程中相互表示敬意和友好的行为准则和精神风貌，是一个人在待人接物时的外在行为表现，是通过语言、仪表、仪容及举止等来体现的，它反映了时代的风俗和道德标准，体现了人们的文化层次和社会的文明程度。

礼貌可以分为礼貌行为和礼貌语言两个部分。礼貌行为是一种无声的语言，如微笑、点头、鞠躬、握手、鼓掌、欠身等。礼貌语言是一种有声的行为，如敬语、谦语、雅语及语调、语气等。在交往过程中讲究礼貌，不仅有助于建立相互尊重和友好合作的关系，而且能够调节公共场所的人际关系，避免摩擦，减少冲突，缓解矛盾。

2.礼节

礼节是人们在人际交往和日常生活中，相互表示尊重、友好、问候、致意、祝愿以及给予必要的协助与照料的惯用形式。礼节是礼貌的具体表现，没有礼节就没有礼貌，有了礼貌就必然要通过具体的礼节表现出来。因此，礼节具有形式化的特点，主要指日常生活中的个体礼貌行为。世界上不同的民族有不同的礼节，而且礼节还随着时代的进步而发生改变。

3.仪式

仪式是指为了表示尊重和友好，为了一定目的在一定场合举行的具有一定规范化程序的正式的礼节形式。例如，外宾来访时的迎宾仪式，签订合同时的签字仪式，获奖时的颁奖典礼，还有备受世人瞩目的奥运会、世界杯、世博会的开幕式、闭幕式等。仪式是表达礼貌、礼节的形式，是礼仪的主要组成部分。

礼仪是指人们在社会交往活动中形成的，为表示尊重、敬意、友好，在仪表、仪态、仪式、仪容、言谈举止等方面约定俗成的，被人们共同认定、共同遵循的行为准则或规范。从广义的角度看，它泛指人们在社会交往中的行为规范和交际艺术。从狭义上理解，通常是指在较大或隆重的正式场合，为表示尊重、敬意、友好而举行的合乎社交规范和道德规范的仪式，涉及穿着、交往、沟通、情商等内容。礼仪可以大致分为政务礼仪、商务礼仪、服务礼仪、社交礼仪、涉外礼仪五大分支。但所谓的五大分支是相对而言的，因为礼仪是一门综合性的学科，各分支礼仪的内容都是相互交融的。

礼仪的含义可以从以下三个方面理解：①讲究礼仪的目的是实现社会交往的各方相互尊重，实现人际关系的和谐；②礼仪是人们约定俗成的习俗、习惯和规矩等；③礼仪是被人们共同认可、共同遵循，在社会交往中得到人们普遍承认、接受并自觉遵守的行为规范。

三、礼仪的作用

现代社会中，礼仪无时不在、无处不有，渗透于日常生活的方方面面，发挥着越来越重要的作用。

1.塑造高尚人格的途径

礼仪是一个国家、民族、企业的文明程度、社会风尚和道德水准的重要标志，也是一个人的思想觉悟、文化修养、精神风貌的主要标志。这是因为，礼仪对人的要求包括表、里两个方面，它既要求一个人要有与人为善的道德观念，又要求其具有优雅得体的言行举止。因此，受过良好礼仪教育或注重修养的人，会表现出高尚的人格魅力。

2.追求事业成功的手段

有的礼仪形式看似简单，只不过是一个微笑、一声道谢、一个举手之劳，但这些不起眼的表现却可能成为我们立身处世的法宝。

学习礼仪知识可以提高自身的道德修养，更好地展示自身的优雅风度和良好的形象。礼仪教育是培养造就成功人士的重要方式，其作用是其他教育不可替代的。

3.打开交际大门的钥匙

一个人如果能懂得并运用不同场合的礼仪知识，就更容易与交际对象打成一片，使对方感受到亲切和自然，感受到理解和尊重，从而使自己更容易被接纳或接近。礼仪作为人际关系的一把特殊钥匙，能轻易地打开各种交际活动的大门。

4.联系人际关系的纽带

人际关系是人们通过交往与相互作用而形成的直接的心理关系。人际关系的和谐离不开一定的情感因素，而情感因素的最好表达形式就是一种符合规范的礼仪。例如，子女上学前跟父母打个招呼，同事上班见面时热情地问个好，这种看似细小的礼节形式，却能像一条美丽的纽带，把自己同对方紧密地联系在一起，形成人际关系人性化的美丽风景线。礼仪在交流中的重要性越来越突出，因为只有讲究礼仪，以礼仪来规范彼此的交际活动，才能更好地表达对对方的尊重，增进相互间的了解。如果不讲究礼仪，即使心里再尊重对方，想得到对方的好感，也不一定会给对方留下好的印象。人与人之间的相互观察和了解，一般都是从礼仪开始的，因此必须遵守礼仪的规则。人们常常有意无意地通过他人礼仪的讲究程度，以及自己所感受到的礼遇来分析和判断其中透露出的对方的心态、情感和意向，而后产生一些情绪和体会，从而增加好感或者产生排斥感。讲究礼仪，可以唤起人们的沟通欲望，建立好感和信任，进而形成和谐、良好的人际关系，促进交际的成功。

在现代生活中，人际关系错综复杂，有时会突然发生冲突，甚至会采取极端行为。礼仪有利于促使冲突各方保持冷静，缓解已经激化的矛盾，使人与人之间的情感得以沟通，建立相互尊重、彼此信任、友好合作的关系，有利于各项事业的发展。

5.良好社会秩序的基石

在社会生活中，必须要有正常的社会秩序。社会的良好运行与稳定、社会秩序的井然有序、人际关系的协调融洽、家庭邻里的和睦安宁，都少不了人们对礼仪的共同遵守。每个人都应自觉遵守礼仪规范，并逐步养成良好的道德习惯，从而形成一种十分强大的道德力量，保证社会正常的生产和生活秩序。

在社会生活中，礼仪约束着人们的态度和动机，规范着人们的行为方式，协调着人与人之间的关系，维护着社会的正常秩序，在社会交往中发挥着巨大的作用。

礼仪以一种道德习俗的方式发挥着维护社会正常秩序的作用。人们通过对礼仪的学习和应用，建立新型的人际关系，从而在交往中严于律己、宽以待人，互尊互敬、互谦互让，讲文明、懂礼貌，和睦相处，形成良好的社会风尚。

6.社会发展的助力器

在现代社会中，人们常常把礼仪看作一个民族、一个企业的精神面貌和凝聚力的体现。学习礼仪、遵守礼仪，可以净化社会风气，提升个人、企业、社会的精神品位，展示良好形象，促进沟通和相互尊重，推动精神文明建设，促进社会和谐与发展。在人际交往中，自觉地遵守礼仪规范，可以使交往双方的感情得到沟通，在向对方表示尊重、敬意的过程中，获得对方的理解与尊重。人们在交往时以礼相待，有助于彼此之间互相尊重，建立友好合作的关系，缓和或者避免不必要的矛盾和冲突。

◆ 任务演练

情境模拟：

某礼仪文化传播公司在国庆节策划了一场"礼行天下"的大型营销展演活动，主要是针对职场人士设计了一款职场礼仪课程的产品，对初入职场的人在工作中的人际交往、仪表仪态等方面进行全方位培训。销售员琳达的任务就是接待咨询的客户，将自己对礼仪的认知以及学习礼仪之后带来的切身感受向顾客进行讲解，将潜在客户变成实际客户。

角色扮演：

学生两人为一组，完成下列内容：

①一人扮演顾客，一人扮演负责接待的琳达。

②顾客咨询，琳达答疑。

③两位同学角色互换。

检测要点：

考查学生对礼仪内涵的理解，只有在认同的前提下才能转化为自己的认知。

◆ 任务评价

序号	评价要点		得分/分	总评
1	知识 （30分）	①礼仪的内涵（15分）		A（86~100分） B（76~85分） C（60~75分） D（60分以下）
		②学习礼仪的重要性（15分）		
2	技能 （40分）	通过情境模拟、角色扮演的方式，理论结合实际，加深对礼仪的认知（40分）		
3	素养 （30分）	①良好的沟通交流能力（10分）		
		②团队协作精神（10分）		
		③分析问题、解决问题的能力（10分）		
合计	（　　　）分	等级评定　□A.优秀　□B.良好　□C.合格　□D.有待提高		

［任务二］　NO.2

商务礼仪的原则与作用

◆ 任务目标

知识目标	①了解商务礼仪的原则 ②了解商务礼仪的作用 ③了解商务礼仪的重要性
技能目标	能说出商务礼仪对企业和个人形象塑造的重要性
素养目标	明确商务礼仪在职场中的地位

◆ 任务情境

　　一天，琳达跟着营销部总监去参加了一个商务活动，她看着总监通过优雅的举止和得体的言行为公司赢得了一个大订单，她若有所思，仿佛明白了些什么。

想一想

　　琳达明白了什么？

◆ 任务学习

　　一、商务礼仪的原则

　　1.尊重原则

　　尊重是礼仪的核心，是人性的需要，是人际交往的基本原则，是企业管理的法宝。尊重包括自尊和尊重他人。自尊和尊重他人是礼仪的情感基础。在商务交谈中，不要打断对方，不要轻易补充对方，不要随意更正对方。

　　2.平等原则

　　平等原则是指以礼待人，有来有往，既不能盛气凌人，也不卑躬屈膝。

　　3.宽容原则

　　宽容是一种较高的境界，海纳百川，有容乃大。

　　4.遵守约束的原则

　　在交往应酬中，每一位参与者都必须自觉、自愿地遵守礼仪，以礼仪去规范自己在交往活动中的一言一行、一举一动。

5.自律原则

学习、应用礼仪最重要的是自我要求、自我约束、自我控制、自我反省、自我检视。

6.诚信原则

诚信原则是指诚实守信，"言必行，行必果"，要求在人际交往中运用礼仪时，待人以诚、言行一致、一诺千金、表里如一。

7.从俗原则

尊重对方的所有习俗，易于增进双方的相互理解和沟通，有助于更好地表达亲善友好之意。

二、商务礼仪的作用

商务礼仪是人际交往的艺术，有内强素质、外强形象的作用，表现为以下三个方面：

1.提高个人的素质

商务人员的个人素质是一种个人修养的外在表现。比尔·盖茨曾经说过企业竞争就是员工素质的竞争。员工的素质高，那么这个企业的工作标准就高，工作效率就高，分解任务的能力就强，企业发展的速度就快，企业的效益就好。

2.有助于建立良好的人际沟通

在商务交往中，会遇到形形色色的人，如何与不同的人交往是一门学问，也是一门艺术。得体的举止和谈吐在商务交往中会赢得更多的机会。

3.维护个人和企业形象

在商务交往中个人代表整体，个人的一举一动、一言一行都代表企业形象。商务礼仪最基本的作用是"减灾效应"：少出洋相、少丢人、少破坏人际关系，遇到不知道的事情，最稳妥的方式是紧跟或模仿，以静制动。

三、商务礼仪的重要性

1.塑造个人与企业的良好形象

商务礼仪能展示企业的文明程度、管理风格和道德水准，塑造企业形象。良好的企业形象是企业的无形资产，无疑可以为企业带来直接的经济利益。一个人讲究礼仪，就会在众人面前树立良好的个人形象；一个组织的成员讲究礼仪，就会为集体树立良好的形象，赢得公众的赞誉。现在市场竞争除了产品竞争外，更体现在形象竞争。一个拥有良好信誉和形象的公司，更容易获得社会各方的信任和支持，就可以在激烈的市场竞争中处于优势地位。所以商务人员时刻注意礼仪，既是个人良好素质的体现，也是树立和巩固企业良好形象的需要。

2.规范日常商务行为

礼仪最基本的功能就是规范各种行为。商务礼仪可强化企业的道德要求，树立企业遵纪守法、遵守社会公德的良好形象。道德是精神的基石，只能通过人的言行举止和所遵循的社会原则表现出来。企业的各项规章制度既体现了企业的道德观和管理风格，也

体现了礼仪的要求。员工在企业制度范围内规范自己的行为，实际上就是在商务礼仪中自觉维护和塑造企业的良好形象。

3.传递消息，展示价值

良好的礼仪可以更好地向对方展示自己的长处和优势，它往往决定了机会是否降临。例如，在公司里你的服饰合适与否可能就会影响你的晋升和与同事的关系；陪客户吃饭，你的举止是否得体也许会决定交易的成败。这是因为礼仪是一种信息，通过这个信息表达出尊敬、友善、真诚的感情。所以在商务活动中恰当的礼仪可以获得对方的好感、信任，进而推动事业的发展。

4.净化社会风气，推进社会主义精神文明建设

一般而言，人们的教养反映其素质，而素质又体现于细节，细节往往决定着人的成败。反映现代人教养的商务礼仪，是人类文明的标志之一。一个国家、一个企业、一个人的商务礼仪水准如何，往往反映着国家、企业、个人的文明水平。

◆ 任务演练

情境模拟：

琳达所在的礼仪文化传播公司有一个重要的签约仪式，琳达的任务就是接待来自北京的贵宾，她对接机、车辆、用餐、住宿等方面都进行了周到、细致的安排。整个签约仪式进行得非常顺利，贵宾对琳达赞赏有加，称她不愧是礼仪公司的人，非常专业。琳达高兴极了，深刻意识到什么是学以致用。请大家模拟接待场景，情景再现。

角色扮演：

学生两人为一组，完成下列内容：

①一人扮演贵宾，一人扮演负责接待的琳达。

②场景地点设定为机场和公司。

③两位同学角色互换。

检测要点：

考查学生对礼仪内涵的理解，只有在认同的前提下才能转化为自己的认知。

◆ 任务评价

序号		评价要点	得分/分	总评
1	知识 （30分）	①礼仪的内涵（15分）		A（86~100分） B（76~85分） C（60~75分） D（60分以下）
		②学习礼仪的重要性（15分）		
2	技能 （40分）	通过情境模拟、角色扮演的方式，理论结合实际，加深对礼仪的认知（40分）		
3	素养 （30分）	①良好的沟通交流能力（10分）		
		②团队协作精神（10分）		
		③分析问题、解决问题的能力（10分）		
合计	（ ）分	等级评定 □A.优秀　□B.良好　□C.合格　□D.有待提高		

◆ 拓展提升

个人礼仪修养的习得

礼仪修养是自我学习、自我磨炼、自我养成的过程。学习礼仪需要长期的工作积累、情操陶冶和实际锻炼。培养礼仪修养可以从以下途径来考虑：

1.提高认识

通过学习、评价、认同、模仿和实践过程，逐渐学习、构造、完善自己的社交礼仪规范体系，并以此来评价他人的行为，调整自己的交往行为。

2.树立意识

礼仪修养的培养，主要是靠有意无意地模仿，靠周围环境的影响，靠在礼仪实践中不断地学习、摸索，逐渐总结经验教训。

3.明确角色

每个人都要重视社交角色的定位，增强角色意识，同时要加强自己的礼仪修养，以适应多种角色的不同礼仪要求。

4.陶冶情感

陶冶情感应做好两方面的内容：一是形成与应有的礼仪认识相一致的礼仪情感；二是要改变与应有的礼仪认识相抵触的礼仪情感。

5.锻炼意志

坚强的意志是保证实现礼仪规范的精神力量。没有坚韧不拔的意志，要使礼仪规范变成自觉的行为是办不到的。

6.养成习惯

养成良好的礼仪行为习惯，就是使人们在礼仪活动中对于礼仪原则和规范的遵从成为一种习惯行为。

活动园地

学生四人为一组，将自己学到的礼仪知识及对礼仪的认知进行分享。

HUODONG YUANDI

项目二
形象礼仪

【项目情境】

林婷刚从学校毕业，初入职场，担任公关助理。公关总监告诉她公关部代表着公司的形象，因此个人形象十分重要，无论是穿着打扮还是言谈举止都必须注意。要想做好个人形象管理，必要的形象礼仪是需要学习的。

？想一想

形象礼仪需要注意哪些方面？

[任务一]

仪容要求

◆ **任务目标**

知识目标	①掌握化妆的类型、化妆的顺序以及化妆礼仪 ②掌握配饰规则和配饰礼仪
技能目标	①能在特定场合选择合适的化妆类型并按照正确的顺序化妆 ②能在特定场合选择合适的着装和佩饰
素养目标	树立规范得体的形象礼仪意识

◆ **任务情境**

明天公司将召开一次内部会议，公关总监让林婷在会上以新入职同事代表的身份上台讲话。林婷该怎样穿着打扮自己呢？

◆ **任务学习**

一、化妆

1.化妆类型

（1）生活妆

我们平时画的职业妆、日常妆都属于此类，不仅要注重自身气质和个性的表达，而且应该自然、真实。

（2）晚妆

晚妆可分为宴会妆和派对妆，妆容更加突出个人的个性。

（3）平面妆

针对模特五官特点而设计的平面妆，不刻意用色彩的深浅层次来强调五官的凹凸，同时也不刻意修容。将化妆的重点转移到色调的搭配与质感的呈现，使彩妆效果达到设计要求。

（4）舞台妆

舞台妆可分为舞蹈演员妆（新疆舞、肚皮舞、印度舞等）、T台模特妆（车展模特、时装模特等）、歌手妆（民族歌手、流行歌手等）、主持人妆（新闻主持人、娱乐节目主持人等），等等。

（5）影视妆

影视妆属于影视作品的化妆造型。影视演员的化妆是根据演员的角色不同来进行设计，从而使造型更符合剧情。化妆设计师还需要运用特殊的化妆技巧及合理的造型设计，为演员增加特殊效果，例如电影、电视中特殊效果的伤效妆、老年妆、病态妆等。

（6）新娘妆

新娘妆主要适用于婚礼现场或在结婚周年摄影留念的顾客，例如室内外的婚纱照、婚礼当天的跟妆等。

2.化妆的顺序和内容

在工作岗位上，化妆是对自己的一种尊重，是爱岗敬业的表现，同时也是对他人的一种尊重。化妆已成为一种国际潮流，但很多人都不知道该如何化妆。所谓化妆，就是要求匀称、协调、自然。现介绍最基本的化妆知识及化妆的9个步骤。

化妆前先将脸洗净，涂以护肤品，如膏、霜、奶液、蜜等类均可，以护肤为主。

第一步：涂隔离乳。

将隔离乳点在脸上如豆粒大小，涂抹均匀即可，注意不能用得过多。绿色或蓝色的隔离乳有好的遮盖作用，适合面部有斑点或其他瑕疵的人使用；紫色隔离乳比较适合东方人偏黄的皮肤；白色隔离乳比较适合裸妆使用。

第二步：涂粉底液。

将比隔离乳多一倍的粉底液均匀地涂抹在脸部。粉底液的作用主要是使面部肤色均匀，因此要选择与自己肤色接近的颜色，注意眼部、头发与额头的交界处要涂抹均匀，同时注意脸与脖子的衔接。涂抹方式和隔离乳相同。

第三步：涂遮瑕霜。

遮瑕霜是为面部有小瑕疵的人准备的，用小刷子轻轻地刷在瑕疵上，可以盖住斑点、痘痘。还有一种用法是将遮瑕霜涂在双眉之间到鼻子1/3处或是眼睛下方，这样不仅可以遮盖黑眼圈，还可以起到提亮的作用。

第四步：上粉饼。

用粉扑轻轻地拍打脸部，均匀上粉。要注意的是头部的裸露部分也要上粉，这样看上去更精神，更能达到化妆的效果。如果在完成前面三步时，你的妆容已经达到理想效果，第四步上粉饼可以省去，直接上散粉，以达到提亮的效果。

第五步：上散粉。

只要轻轻地扑打上一层散粉就可以了，以达到定妆的目的。注意脸与脖子的交界处要自然，无明显分界。

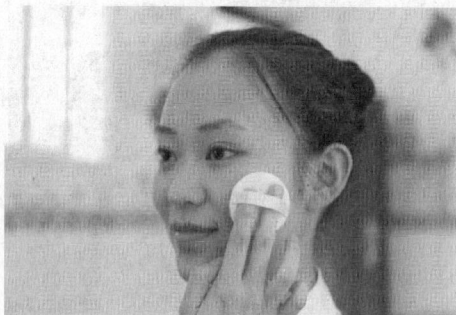

第六步：画眉毛。

可用眉笔或眉粉。眉笔用来勾勒眉毛轮廓，眉粉用来填充眉毛。眉形可根据脸型选择，弯挑眉搭配圆形脸，上挑眉、柳叶眉或平直眉搭配方形脸，修长的眉搭配菱形脸，平直稍弯的眉搭配长形脸，鹅蛋脸适用各种眉形。按照眉形淡淡描画，不必刻意修饰，眉毛的颜色选择与发色协调一致。眉刷用来修饰眼眉，使用比眉色浅一号的眉粉，利用眉刷从眉头至眉尾顺向刷过，自然协调即可。

第七步：上眼妆。

眼影：可以根据不同的服装选择颜色的搭配。

画眼影时要注意色彩的过渡。例如画粉红色的眼影时，先将整个眼眶都涂上一层淡粉，然后在接近睫毛的地方加深。完妆后可在眉骨、鼻梁上扫上一层白色的散粉，以达到突显立体感的效果。

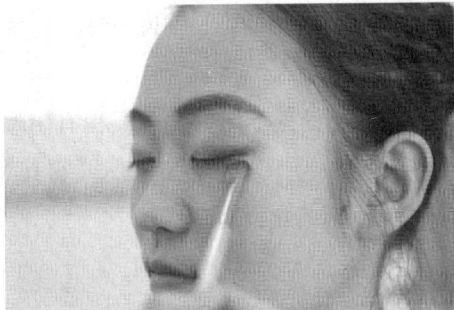

眼线：好的眼线可以使眼睛显得更亮。

用眼线笔在睫毛根部画眼线，这样看起来会比较自然。下眼线可以用白色的眼线笔画，这样眼睛会显得更大。如果睫毛浓密，可以省略眼线，只在眼尾勾画。

睫毛：纤长的睫毛让眼睛看起来更迷人。

先用睫毛夹夹卷整个睫毛，再用睫毛膏刷由内而外（Z字形）刷出加密、加长的效果。注意刷完之后要等睫毛膏干一会儿。

第八步：唇部的修饰。

平时需要做唇部护理，使用唇膏、唇膜等。涂口红时建议按照肤色、搭配、穿着、妆容等选择口红颜色。

第九步：脸颊的修饰。

打上腮红，能使整个脸部显得柔美自然，也能使颧骨更加突出。再用同色腮红轻扫太阳穴部位，使面部色彩浓淡和谐。以脸颊为半径往耳的方向打腮红，会显得自然大方；以脸颊为半径扫圆打腮红，会显得可爱动人。

3.化妆礼仪要求

（1）化淡妆上岗

职场人士应淡妆上岗，要求简约、清丽、素雅，具有鲜明的立体感，既给人深刻的印象，又不显脂粉气。总而言之，就是要清淡且传神。

（2）忌劣质芳香

职场化妆礼仪要求使用任何化妆品都不能过量，尤其是在使用香水时更应铭记这一点。化妆与为人处世一样，要含蓄一些才有魅力，才有味道。如果过量地使用香水，有可能使他人觉得你的表现欲过于强烈，还有可能因此"摧残"他人的嗅觉，引起对方的反感或不快。与他人相处时，自己身上的香味在一米以内能被对方闻到不算过量；如果在三米开外，自己身上的香味仍能被对方闻到，则说明喷洒的香水过量了。

（3）勿当众补妆

常常可以见到一些女士，不管置身于何处，只要稍有闲暇，就会掏出化妆盒来补妆，特别是在工作岗位上，会显得很不庄重，还会使人觉得其对工作不够用心。因此，在许多企业的办公楼里，都设有专门的化妆间。

二、配饰

1.配饰的概念

配饰是指人们佩戴在身体各部位的饰物，从佩戴的位置可分为头饰（如帽子、头花、耳坠等）、肩饰（如披肩等）、项饰（如项链、吊坠、围巾等）、手饰（如戒指、手链、手镯、手表等）、腰饰（如皮带、腰链等）、脚饰（如脚链等）、佩饰（如包、胸针等）。

2.配饰规则

配饰已经成为人们在社交场合使用的常备品，倘若对配饰规则一无所知，难免会弄巧成拙、成为笑柄，不能使配饰真正发挥其本来的作用。在较为正式的场合，务必要遵守配饰规则，这样既能让配饰发挥其应有的美化、装饰功能，又能合乎常规，在选择、搭配、使用时不至于出洋相。

（1）数量规则

数量上的规则是以少为佳，有时还可以一件首饰也不佩戴。若有意同时佩戴多种首饰，其上限一般为三，即不应当在总量上超过三种。

（2）色彩规则

色彩上的规则是力求同色。若同时佩戴两件或两件以上首饰，应使其色彩一致。戴镶嵌首饰时，应使其主色调保持一致。千万不要佩戴色彩斑斓的几种首饰，把自己打扮得像一棵圣诞树。

（3）质地规则

质地上的规则是争取同质。若同时佩戴两件或两件以上首饰，应使其质地相同。戴镶嵌首饰时，要让镶嵌物质地一致，托架也要力求一致。高档饰物，特别是珠宝首饰，适用于隆重的社交场合，在工作、休闲时佩戴，就显得过于张扬了。

（4）身份规则

身份上的规则是要令其符合身份。选戴首饰时，不仅要照顾个人爱好，更应当使之服从于本人身份，还要和自己的性别、年龄、职业、工作环境保持基本一致，不要相差太多。

（5）体型规则

体型上的规则是要使首饰为自己的体型扬长避短。选择首饰时，应充分正视自身的形体特征，努力使首饰的佩戴为自己扬长避短。避短是其中的重点，扬长则须适时而定。

（6）季节规则

季节上的规则是所戴首饰应与季节相吻合。一般而言，季节不同，所戴首饰也应不同。金色、深色首饰适合冷季佩戴，银色、艳色首饰适合暖季佩戴。

（7）搭配规则

搭配上的规则是要尽力与服饰协调。佩戴首饰应视为服装整体搭配的一个环节，要兼顾服装的质地、色彩、款式，并努力使之在搭配、风格上相互协调。

（8）习俗规则

习俗上的规则是遵守习俗。不同的地区或民族，佩戴首饰的习惯各有不同。对此一是要了解，二是要尊重。戴首饰不讲习俗是万万行不通的。例如，苗家人偏爱银饰，以多为美、以重为美。

3.配饰礼仪

（1）手饰

• 戒指的佩戴

①一般戴在左手上，而且最好只戴一枚，至多可戴两枚，只有新娘方可例外。

②戴两枚戒指时，可戴在相邻的两个手指上，也可戴在两只手对应的手指上。

③拇指通常不戴戒指，一根手指上不应戴多枚戒指。

④戴薄纱手套时，戒指应戴在手套里面，新娘除外。

⑤国际上比较流行的戴法：食指——表示想结婚或未婚；中指——表示在恋爱中；无名指——表示已经订婚或结婚；小指——表示独身。

• 手表的佩戴

①应远离磁场。虽然手表通常具有防磁功能，但是磁场有时还是会让手表出现暂时性的停走，造成时间不准。

②长时间佩戴手表可能会引起金属表带的连接松动，要定期检查表带是否松动。

③要远离高温环境，千万不要佩戴手表去做桑拿或者洗澡。

④皮制的表带遇到汗水或者化学物品会造成表带的腐蚀，尤其是女性朋友更应注意，如果发现裂痕要及时更换。

⑤不要随便打开手表的后盖，防止尘土进入机芯造成损坏。

• 手镯、手链的佩戴

①佩戴手镯，强调的是手腕与手臂的美丽，若这两处有伤痕者应慎戴。

②男人一般不戴手镯。

③手镯可以戴一只，也可以同时戴两只。戴一只时，通常戴于左手；戴两只时，可一只手戴一只，也可以都戴在左手上。一般不要在一只手上戴超过两只手镯。

④男女均可佩戴手链。一般情况下，一只手上仅戴一条手链，并应戴在左手上。

⑤最好不要在一只手上戴多条手链，也不要将手链与手镯同时佩戴。

⑥在一些国家，戴手镯、手链的数量和位置，可以代表是否结婚。

⑦手链与手镯均不应与手表同戴于一只手上。

（2）项饰

• 项链的佩戴

①佩戴项链不应多于一条，但可将一条长项链折成数圈佩戴。

②短项链（长约40厘米）适合搭配低领上装；中长项链（长约50厘米）可广泛使用；长项链（长约60厘米）适合女士在普通社交场合佩戴；特长项链（长70厘米以上）适合女士在隆重的社交场合佩戴。

• 吊坠的佩戴

①吊坠也称挂件，多与项链同时配套使用。

②选择吊坠，一般要优先考虑它是否与项链相配，力求二者在整体上协调一致。

③在正式场合不要选用造型过分怪异或带有令人误解的图形、文字的吊坠，一般也不要同时佩戴两个及以上的吊坠。

（3）耳饰

• 耳环的佩戴

①一般情况下，它仅为女性所用，并且讲究成对使用，即每只耳朵佩戴一枚。

②一般不宜在一只耳朵上同时戴多枚耳环。

③在国外，也有男士戴耳环，但习惯做法是左耳上戴一枚，右耳不戴。双耳皆戴者，会被人视为同性恋者。

④佩戴耳环，应兼顾脸形。尖形脸或瓜子脸的女性，可选择较细、较短、秀气的耳环；方形脸或圆脸的女性，宜选细长的耳环。总的来说，耳环不要选择与脸形相似的形状。

⑤若无特殊要求，不要同时戴链形耳环、项链和胸针。三者皆集中于齐胸一线，容易显得过分张扬，且繁杂凌乱。

三、着装

1.区分场合选择着装

在日常工作与生活中，商务人员的着装应当因场合不同而不同，着装要与环境相协调。当人置身于不同的环境和场合，就必须有不同的着装，要注意服装与周围环境的和谐，以不变应万变显然是不妥的。商务人员所涉及的主要场合有三种：公务场合、社交场合、休闲场合。

（1）公务场合

公务场合是指执行公务时涉及的场合，包括写字间、谈判厅以及外出执行公务等情况。公务场合着装的基本要求：注重保守，宜穿套装、套裙，以及穿着制服。除此之外还可以考虑选择长裤、长裙和长袖衬衫。不宜穿时装、便装。必须注意在非常重要的场合，短袖衬衫不适合作为正装。

（2）社交场合

社交场合是指工作之余在公众场合和同事、商务伙伴友好地进行交往应酬的场合。虽然这些场合不是在工作岗位上，但面对的往往是熟人。社交场合着装的基本要求：时尚个性，宜穿着礼服、时装、民族服装。必须强调在这种场合一般不适合选择过分庄重保守的服装，如穿着制服去参加舞会、宴会、音乐会，就会和周边环境不大协调了。

（3）休闲场合

休闲并不等于休息，这里的休闲是指在工作之余一个人单独自处，或者在公共场合与其他不相识者共处的时间。休闲场合着装的基本要求：舒适自然。换言之，只要不触犯法律，不违背伦理道德，不有碍他人的身体安全，那么穿着打扮可以完全听凭个人所好。在休闲场合，人们所适合选择的服装有运动装、牛仔装、沙滩装以及各种非正式的便装，如T恤、短裤、凉鞋、拖鞋等。在休闲场合，如果身穿套装、套裙，往往会贻笑大方。

2.着装选择符合身份

着装要考虑个人身份角色，每个人都扮演不同的角色、身份，这样就有了不同的社会行为规范，在着装打扮上也自然有其自身的规范。着装也反映了个人的修养和见识，因此商务人员的着装必须与其所在单位的形象、所从事的具体工作相称，做到男女有别、职级有别、身份有别、职业有别、岗位有别，即"干什么，像什么"。只有这样商务人员的着装才能恰到好处地反映自身的素质，反映企业的形象。

3.着装要和自身条件相协调

了解自身的缺点和优点，用服饰来达到扬长避短的目的。所谓"扬长避短"，重在"避短"。比如身材娇小的女士适合穿造型简洁明快、带有小花形图案的服装，肤色白净的人适合穿各色服装，　　　肤色偏黑或发红的人不要穿深色服装等。

4.着装要和时间相协调

只注重环境、场合、社会角色和自身条件而不顾时节变化的服饰穿戴，同样也不好。比较得体的穿戴，在色彩的选择上也应注意季节性。

5.女性常规穿着

迄今为止，没有任何一种女装在塑造职业女性形象方面，能够比套裙更适合。对于女性经理人来说，穿着适合的套裙，形象立刻就会光鲜百倍，能够显现气质和风度，事业也就拥有了更多成功的契机。但有四大禁忌，不可不知。

（1）穿着黑色皮裙

在商务场合不能穿着黑色皮裙，否则会让人啼笑皆非。当与外国人打交道时，尤其是出访欧美国家时，绝对不可以穿着黑色皮裙。

（2）裙、鞋、袜不搭配

鞋子应为高跟或半高跟皮鞋，最好是牛皮鞋，注意大小应合脚，颜色以黑色最为正统，亦可选择与套裙色彩一致的皮鞋。袜子一般为尼龙丝袜、羊毛高筒袜或连裤袜，颜色选单色，有肉色、黑色、浅灰、浅棕等几种常规选择。切勿将健美裤、九分裤等裤装当成长袜来穿。袜口要没入裙内，不可暴露于外。袜子应当完好无损。如你穿一身高档的套裙，但袜子却有洞，就显得极不协调，不够庄重。

（3）光脚

光脚不仅显得不够正式，而且会使自己脚上的某些瑕疵见笑于人。在国际交往中穿着裙装，尤其是穿着套裙时不穿袜子，往往还会被人视为故意展示性感，因此光脚是绝对不允许的。

（4）三截腿

三截腿是指穿短裙时穿半截袜子，袜子和裙子中间露一段腿肚子，结果导致裙子一截、袜子一节、腿肚子一截。这种穿法容易使腿显得又粗又短，术语叫作"恶性分割"，这样的穿着在国外往往会被视为没有教养。

6.男性西服穿着

西装穿着讲究"三个三"，即三色原则、三一定律、三大禁忌。

（1）三色原则

三色原则是指男士在正式场合穿着西装套装时，全身颜色必须限制在三种以内。

（2）三一定律

三一定律是指男士穿着西服、套装外出时，身上有三个部位的色彩必须协调统一，这三个部位即鞋子、腰带、公文包。最理想的选择是鞋子、腰带、公文包皆为黑色。鞋子、腰带、公文包是白领男士身上最为引人瞩目之处，色彩统一，有助于提升自己的品位。

（3）三大禁忌

①袖口上的商标没有拆。袖口上的商标应该在买西装付款时就由服务人员拆掉。如果在穿着西装时，袖口上的商标还没有拆掉，就显得不得体了。

②在正式场合穿夹克打领带。领带和西装套装是配套的，如果是行业内部的活动，如领导到本部门视察，穿夹克打领带是允许的。但夹克等同于休闲装，所以在正式场合，尤其是对外商务交往中，穿夹克打领带是绝对不能接受的。

③正式场合穿着西服、套装时袜子出现问题。对于一般人而言，穿袜子讲究不多，最重要的讲究是两只袜子应该颜色统一。但在商务交往中有两种袜子不穿为宜：一是尼龙丝袜，二是白色袜子。

◆ 拓展提升

职场穿着六大禁忌

1.过于鲜艳

着装过于鲜艳是指商务人员在正式场合的着装色彩较为繁杂，过分鲜艳，如衣服图案过分复杂以及标新立异等问题。

2.过于杂乱

着装过于杂乱是指不按照正式场合的规范化要求着装。杂乱的着装极易给人留下不良的印象，容易使客户对企业的规范化程度产生疑虑。

3.过于暴露

正式的商务场合是不适宜暴露身体的某些部位的（如胸部、肩部、大腿）。因此，在正式场合通常要求职场人员不暴露胸部、肩部和大腿。

4.过于透视

在社交场合穿着透视装往往是允许的，但是在正式的商务交往中着装过于透视有失于对别人的尊重，有失敬于对方的嫌疑。

5.过于短小

在正式场合，商务人员的着装不可以过于短小，如不可以穿短裤、超短裙，非常重要的场合不允许穿露脐装、短袖衬衫等。特别需要强调的是，男士在正式场合身着短裤是绝对不允许的。

6.过于紧身

在社交场合身着非常紧身的服饰是允许的。但是必须强调工作场合与社交场合是有所区别的，因此在比较正式的场合不可以穿着过于紧身的服装。

◆ 任务演练

情境模拟：

场景一：

公关部助理林婷所在公司将在一楼大厅举办周年庆典晚会，总监邀请林婷参加晚会。

角色扮演：

学生两人为一组，完成下列内容：

①一人扮演总监，一人扮演林婷，选择合适的穿着打扮。

②两位同学角色互换，展示穿着打扮。

场景二：

公关部助理林婷所在公司召开内部员工会议，为表示对新员工的欢迎，公关总监邀请新入职员工林婷作为代表上台讲话，会议在公司五楼会议室举行。

角色扮演：

学生两人为一组，完成下列内容：

①一人扮演公关总监，一人扮演林婷，选择合适的穿着打扮。

②两位同学角色互换，展示穿着打扮。

检测要点：

通过情境模拟考查学生穿着打扮是否符合特定职业、场合的要求：

①能按照符合特定身份、职业、服装、场合等要求选择合适的妆容。

②能按照符合特定身份、职业、服装、场合等要求选择合适的配饰。

③能按照符合特定身份、职业、场合等情况选择合适的穿着。

◆ 任务评价

序号		评价要点	得分/分	总评
1	知识（30分）	①了解形象礼仪的基本知识（15分）		A（86~100分） B（76~85分） C（60~75分） D（60分以下）
		②掌握化妆、配饰、着装的相关要求（15分）		
2	技能（40分）	通过情境模拟、角色扮演的方式，理论结合实际，能够正确、规范地运用形象礼仪（40分）		
3	素养（30分）	①良好的沟通交流能力（10分）		
		②团队协作精神（10分）		
		③分析问题、解决问题的能力（10分）		
合计	（　　）分	等级评定　□A.优秀　□B.良好　□C.合格　□D.有待提高		

[任务二]

NO.2

仪态要求

◆ 任务目标

知识目标	①掌握站姿、走姿、蹲姿的具体标准 ②了解表情的合理掌控 ③掌握正确、规范的手势
技能目标	能按照站姿、走姿、蹲姿、表情、手势的具体规范、要求，结合特定场景正确展示
素养目标	树立规范得体的形象礼仪意识

◆ 任务情境

公关总监告诉林婷明天公司将进行一次员工礼仪培训。作为公司的公关助理，她将协助培训师共同完成此次礼仪培训，同时也将学习基本礼仪。

◆ 任务学习

一、站姿、走姿、蹲姿

1.站姿

（1）正确的站姿要求

①头正；②肩平；③臂垂；④躯挺；⑤腿并；⑥身体重心主要支撑于脚掌、脚弓上；⑦从侧面看，头部、肩部与下肢应在一条垂直线上。

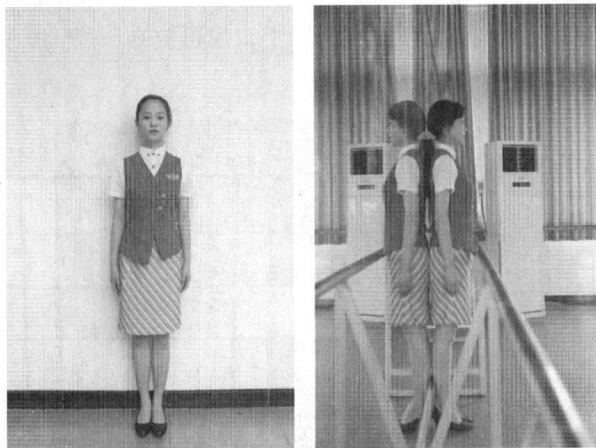

（2）手位

站立时，双手的手位可取下列之一：①双手置于身体两侧；②右手搭在左手上叠放于体前；③双手叠放于体后；④一手放于体前，一手背在体后。

（3）脚位

站立时可采取以下几种脚位：①V字形；②双脚平行分开不超过肩宽；③丁字形。

（4）男女基本站姿

男士的基本站姿：①身体立直，抬头挺胸下颌微收，双目平视，嘴角微闭，双手自然垂直于身体两侧，双膝并拢，两腿绷直，脚跟靠紧，脚尖分开呈V字形。②身体立直，抬头挺胸下颌微收，双目平视，嘴角微闭，双脚平行分开，两脚间的距离不超过肩宽，一般以20厘米为宜，双手手指自然并拢，右手搭在左手上，轻贴于腹部，不要挺腹或后仰。③身体立直，抬头挺胸下颌微收，双目平视，嘴角微闭，双脚平行分开，两脚间的距离不超过肩宽，一般以20厘米为宜，双手在身后交叉，右手搭在左手上，放在背后。

女士的基本站姿：①身体立直，抬头挺胸下颌微收，双目平视，嘴角微闭，面带微笑，双手自然垂直于身体两侧，双膝并拢，两腿绷直，脚跟靠紧，脚尖分开呈V字形。②身体立直，抬头挺胸下颌微收，双目平视，嘴角微闭，面带微笑，两脚尖略分开，右脚在前，将右脚跟靠在左脚弓处，两脚尖呈V字形，双手自然并拢，右手搭在左手上，轻贴于腹前，身体重心可放在两脚上，也可放在一脚上，并通过重心的移动减轻疲劳。

2.走姿

（1）正确的走姿要求

①头正；②肩平；③躯挺；④步位直；⑤步幅适度；⑥步速平稳。

（2）走姿的基本要领

①行走时，上身应保持挺拔的身姿，双肩保持平稳，双臂自然摆动，手臂的摆动幅度为距离身体30~40厘米为宜；②腿部应是大腿带动小腿，脚跟先着地，保持步态平稳；③步伐均匀、节奏流畅会使人显得精神饱满、神采奕奕；④步幅的大小应根据身高、着装与场合的不同而有所调整。

（3）男女基本走姿

男士的基本走姿：男士常见的走姿是平行步，要领是双脚各踏出一条直线，使之平行。走路时要身体挺直，下巴微向内收，眼睛平视，双手自然垂于身体两侧，随脚步微微前后摆动。脚尖应对正前方，切莫呈内八字或外八字，步幅大小以自己足部长度为准，速度不快不慢，尽量不要低头看地面，抬头挺胸、精神饱满，不宜将手插入裤袋中。

【注意】

　　走路时，腰部应稍用力，收小腹，臀部收紧，背脊要挺直，抬头挺胸，切勿垂头丧气。气要平，脚步要从容和缓，要尽量避免短而急的步伐，鞋跟不要发出太大声响。上下楼梯时，应将整只脚踏在楼梯上，如果阶梯窄小，则应侧身而行。上下楼梯时，身体要挺直，目视前方，不要低头看楼梯，以免与人相撞。此外弯腰驼背或肩膀高低不一的姿势都是不可取的。

　　女士的基本走姿：女士常见的走姿是一字步，要领是行走时两脚内侧在一条直线上，两膝内侧相碰，收腰提臀，肩外展，头正颈直，微收下颌。上半身不要过于晃动，自然而又均匀地向前迈进，走路时手部应在身体两侧自然摇摆，幅度为30°。

【注意】

　　女性在走路时，不宜左顾右盼，身体不可左右晃动；经过玻璃窗或镜子前，不可停下梳头或补妆；不要三五成群，左推右挤，一路谈笑，这样不但有碍于他人行路的顺畅，看起来也不雅观。走路时如果遇到熟人，点头微笑招呼即可，若要停下步伐交谈，注意不要影响他人的行进。如果有熟人在你背后打招呼，千万不要紧急转身，以免紧随身后的人应变不及。

3.蹲姿

（1）基本蹲姿

①下蹲时，两腿合力支撑身体，避免滑倒。

②下蹲时，应使头、胸、膝关节在一个角度上，使蹲姿优美。

③下蹲拾物时，应自然、得体、大方，不遮遮掩掩。

④女士无论采用哪种蹲姿，都要将腿靠紧，臀部向下。

（2）蹲姿的基本要求

屈膝下蹲，慢慢地把腰部低下，不要低头，也不要弓背，两腿合力支撑身体，掌握好身体的重心，臀部向下，千万不要翘臀部。女士需要注意：在穿裙装时，背后的上衣是否自然上提，露出臀部皮肤或内衣是很不雅观的。

具体来说，优雅的蹲姿礼仪主要有以下两种：

①高低式蹲姿。

特征：左脚在前，全脚着地；右脚在后，右脚掌着地，右脚跟提起。右膝低于左膝，右膝内侧靠于左小腿内侧，形成左膝高右膝低的姿态。女性应并紧双腿，男士则可以适度分开。销售人员选择这种蹲姿既方便又优雅。

②交叉式蹲姿。

特征：双腿交叉站立，右脚在前，左脚在后。然后上半身重心下移，稳稳地蹲下，双手相叠置于腿上。下蹲时需要注意：上身稍向前倾，臀部向下；右腿在上，左腿在下，两腿交叉重叠；右脚在前，全脚着地，右小腿垂直于地面；左膝由后下方伸向右侧，左脚在后，左脚掌着地，左脚跟抬起；两腿前后紧靠，合力支撑身体。

（3）下蹲的注意事项

①勿离人太近。下蹲时，不要离人太近，应与身边的人保持一定的距离，避免彼此迎头相撞，速度也不要太快，冒冒失失地下蹲不符合礼仪要求。

②注意下蹲的方位。下蹲时要注意下蹲的方位，避免在别人身体正前方或正后方下蹲，最好选择与别人侧身相向的方向下蹲，因为在正前方下蹲是非常不礼貌的。

③避免暴露身体隐私。对于穿着套裙的女士而言，下蹲时一定要避免个人身体隐私暴露在外。这不仅是对别人不礼貌的行为，还会影响到自己的形象。

④下蹲三要点：迅速、美观、大方。若用右手捡东西，可以先走到东西的左边，右脚向后退半步后再蹲下来。脊背保持挺直，臀部一定要蹲下来，避免弯腰翘臀的姿势。男士两腿间可留有适当的缝隙，女士则要两腿并紧，穿旗袍或短裙时需更加留意，以免尴尬。

二、表情

表情是指人的面部情态，它可以传情达意，表现人的心理。与仪态一样，表情也是人类无声的语言。现代传播学认为，表情属于人际交流中的非语言信息传播系统，且是其核心组成部分。相对于仪态而言，表情更为直观、形象，更易被人们觉察和理解。表情真实可信地反映着人们的思想、情感以及其他方面的心理活动与变化。

1.目光

目光是面部表情的核心。在人际交往时，目光是一种真实、含蓄的语言。俗话说"眼睛是心灵的窗户"，从一个人的目光中，可以看到他的整个内心世界。一个良好的交际形象，目光应是坦然、亲切、友善、有神的。

（1）注视的时间

注视对方时间的长短是十分有讲究的。

①表示友好：向对方表示友好时，应不时地注视对方。注视对方的时间约占相处时间的1/3。

②表示重视：向对方表示关注，应常常把目光投向对方。注视对方的时间约占相处时间的2/3。

③表示轻视：目光常处于游离状态，注视对方的时间不到相处时间的1/3，就意味着轻视。

④表示敌意：目光始终盯在对方身上，注视对方的时间占相处时间的2/3以上，可能会被视为有敌意，或有寻衅滋事的嫌疑。

（2）注视的角度

注视别人时，目光的角度，即目光从眼睛里发出的方向，表示与交往对象的亲疏远近。

①平视：也称正视，即视线呈水平状态。常用在普通场合与身份、地位平等的人进行交往时。

②侧视：一种平视的特殊情况，即位于交往对象的一侧，面向并平视着对方。侧视的关键在于面向对方，若为斜视对方，即为失礼之举。

③仰视：即主动居于低处，抬眼向上注视他人，以表示尊重、敬畏对方。

④俯视：即向下注视他人，可表示对晚辈宽容、怜爱，也可表示对他人轻慢、歧视。

（3）注视的部位

允许注视的常规部位有：

①双眼：注视对方双眼，表示自己重视对方，但时间不要太久。

②额头：注视对方额头，表示严肃、认真、公事公办。

③眼部与唇部：注视这一区域，表示礼貌、尊重对方。

④眼部与胸部：注视这一区域，多用于关系密切的男女之间，表示亲近、友善。

⑤任意部位：对他人身上的某一部位随意一瞥，多用于在公共场合注视陌生人，最好慎用。

2.笑容

人的感情是非常复杂的，表现在面部有"喜、怒、哀、乐"等多种形式，其中，"笑"在人际交往中，有着突出重要的作用。面对不同的场合、不同的情况，如果能用微笑来接纳对方，可以反映出本人高超的修养，待人的至诚，是处理好人际关系的一种重要手段。笑容是一种令人感觉愉快的、既悦己又悦人的、发挥正面作用的表情。有效地利用笑容，可以缩短彼此之间的心理距离，打破交际障碍，为深入地沟通与交往创造和谐、温馨的良好氛围。

（1）笑的种类

在人际交往中，合乎礼仪的笑容大致可分为以下几种：

①含笑：不出声，不露齿，只是面带笑意，表示接受对方，待人友善，适用范围较为广泛。

②微笑：唇部向上移动，略呈弧形，但牙齿不外露，表示自乐、充实、满意、友好，具有一种磁性的魅力，适用范围最广。

③轻笑：嘴巴微微张开，上齿显露在外，不发出声响，表示欣喜、愉快，多用于会见客户、向熟人打招呼等情况。

④浅笑：笑时抿嘴，下唇大多被含于牙齿之中，多见于年轻女性表示害羞之时，通

常也称抿嘴而笑。

⑤大笑：由于表现太过张扬，一般不宜在商务场合中使用。

（2）笑的方法

笑的共性是面露喜悦之色，表情轻松愉快。但如果发笑的方法不对，会显得非常虚伪。

①发自内心：笑的时候，要自然、大方、亲切。

②声情并茂：笑的时候，要做到表里如一，使笑容与自己的举止、谈吐有很好的呼应。

③气质优雅：笑的时候，要讲究笑得适时、尽兴，更要讲究精神饱满、气质典雅。

④表现和谐：从直观上看，笑是人们的眉、眼、鼻、口、齿以及面部肌肉和声音所进行的协调行动。

（3）笑的禁忌

在笑的时候，以下几种情况是应该回避的。

①假笑：笑得虚假，皮笑肉不笑。

②冷笑：含有怒意、讽刺、不满、无可奈何、不屑一顾、不以为然等容易使人产生敌意的笑。

③怪笑：笑得怪里怪气，令人心里发麻，多含有恐吓、嘲讽之意。

④媚笑：有意讨好别人，非发自内心，具有一定功利性目的的笑。

⑤怯笑：害羞、怯场，不敢与他人交流视线，甚至会面红耳赤地笑。

⑥窃笑：偷偷地扬扬自得或幸灾乐祸地笑。

⑦狞笑：面容凶恶，多表示愤怒、惊恐、吓唬。

3.面目——综合的表情

面目表情是指人们面部所显示出的综合表情。它对眼睛和笑容发挥辅助作用，同时，也可以自成一体，表现自己的独特含义。

一般情况下，通过面容所显示的表情，既有面部各部位的局部显示，也有它们彼此的综合特征。

（1）局部表情

人的眉毛、鼻子、嘴巴、下巴、耳朵都可以独立地显示各自的表情。

①眉毛的表情：

以眉毛的形状变化所显示的表情，一般叫作眉语。除配合眼神外，眉语也可独自表意。

• 皱眉型：双眉紧皱，多表示困窘、不赞成、不愉快。

• 耸眉型：眉峰上耸，多表示恐惧、惊讶或欣喜。

• 竖眉型：眉角下拉，多表示气恼、愤怒。

• 挑眉型：单眉上挑，多表示询问。

• 动眉型：眉毛上下快动，一般用来表示愉快、同意或亲切。

②嘴巴的表情：

嘴巴的不同显示往往可以表示不同的心理状态。在交际场合中常见的有：

· 张嘴：嘴巴大开，表示惊讶。

· 抿嘴：含住嘴唇，表示努力或坚持。

· 噘嘴：噘起嘴巴，表示生气或不满。

· 撇嘴：嘴角一撇，表示鄙夷或轻视。

· 拉嘴：拉着嘴角，上拉表示倾听，下拉表示不满。

（2）综合表情

①表示快乐：眼睛大，嘴巴张开，眉毛常向上扬。

②表示兴奋：眼睛大，眉毛上扬，嘴角微微上翘。

③表示兴趣：嘴角向上，眉毛上扬，眼睛轻轻一瞥。

④表示严肃：嘴角抿紧下拉，眉毛拉平，注视额头。

⑤表示敌意：嘴角拉平或向下，皱眉皱鼻，稍一瞥。

⑥表示发怒：嘴角向两侧拉，眉毛倒竖，眼睛大睁。

⑦表示观察：微笑，眉毛拉平，平视或视角向下。

⑧表示无所谓：平视，眉毛展平，整体面容平和。

三、手势

人在紧张、兴奋、焦急时，都会有意无意地通过手势表现出来。作为仪态的重要组成部分，手势应该得到正确地使用。手势也是人们交往时不可缺少的动作，是最有表现力的一种体态语言。俗话说"心有所思，手有所指"，手的魅力并不亚于眼睛，甚至可以说手就是人的第二双眼睛。

1.十种常用手势

（1）"请进"手势

引导客人时，接待人员要言行并举。首先轻声对客人说"您请"，然后采用横摆式手势。五指伸直并拢，手掌自然伸直，手心向上，肘部弯曲。以肘关节为轴，手从腹前抬起向右摆动至身体右前方，不要将手臂摆至体侧或身后。头部和上身微向伸出手的一侧倾斜，另一只手下垂或背在背后，目视宾客，面带微笑。

（2）前摆式

如果右手拿着东西或扶着门时，这时要向宾客作向右"请"的手势时，可采用前摆式。五指并拢，手掌伸直，从身体一侧由下向上抬起，以肩关节为轴，手臂稍屈，到腰的高度再由身前向右方摆去，摆到距身体5厘米，不超过躯干的位置时停止。目视来宾，面带微笑，也可双手前摆。

（3）"请往前走"手势

为客人指引方向时，可采用直臂式手势。五指伸直并拢，手心斜向上，屈肘由腹前抬起，向应到的方向摆去，摆到肩的高度时停止，肘关节基本伸直。应注意在指引方向时，身体要侧向来宾，眼睛要兼顾所指方向和来宾。

（4）"请坐"手势

接待来宾并请其入座时采用斜摆式手势。用双手扶椅背将椅子拉出，然后左手或右手屈臂向前抬起，以肘关节为轴，前臂由上向下摆动，使手臂向下成一条斜线，表示请来宾入座。

（5）"诸位请"手势

当来宾较多时，表示"请"可以动作大一些，采用双臂横摆式。两臂从身体两侧向前上方抬起，两肘微屈，向两侧摆出。指向前方向一侧的臂应抬高一些、伸直一些，另一只手稍低一些、屈一些。

（6）"介绍"手势

为他人做介绍时，手势动作应文雅。无论介绍哪一方，都应手心朝上，手背朝下，四指并拢，拇指张开，手掌基本上抬至肩的高度，并指向被介绍的一方，面带微笑。在正式场合，不可以用手指点或拍打被介绍一方的肩和背。

（7）鼓掌

鼓掌时，用右手掌轻击左手掌，表示喝彩或欢迎。左手掌心向上的手势表示诚意、尊重他人，掌心向下的手势意味着不够坦诚、缺乏诚意等。

（8）举手致意

举手致意时，要面向对方，手臂上伸，掌心向外，切勿乱拜。

（9）挥手道别

挥手道别时，要做到身体站直，目视对方，手臂前伸，掌心向外，左右挥动。

（10）递接物品

递接物品时，双手为宜（至少用右手），递于手中，主动上前（主动走近接物者，坐着时应站立），方便接拿。

2.手势礼仪

（1）"请"的手势

"请"的手势是接待工作中经常用到的。做"请"的手势时，要在标准站姿的基础上，将手从体侧提至小腹前，优雅地划向指示方向。这时应五指并拢，掌心向上，大臂与上体的夹角约30°，手肘的夹角为90°~120°。同时，接待人员要用亲切柔和的目光注视顾客，并说："有请。"或者说："欢迎您，请跟我这边来。"

（2）指引手势

在引领过程中，很多时候需要用到指引手势。在指引的过程中要用手掌，并且要求掌心向上，因为掌心向上的手势有诚恳、尊重他人的含义。

做指引手势时，接待人员可以站在被指引物品或道路的旁边，右手手臂自然伸出，五指并拢，掌心向上，手掌和水平面成45°，指尖朝向所要指引的方向。以肘部为轴伸出手臂。在指示道路方向时，手的高度大约齐腰；指示物品的时候，手的高度根据物品来定，小臂、手掌和物品成直线就可以了。无论是指人还是指物，都不能用食指指点。

（3）鼓掌手势

鼓掌一般是表示欢迎、祝贺、赞许、致谢等含义的礼貌举止。鼓掌的标准动作应该是用右手掌轻拍左手掌的掌心。

鼓掌程度要依据当时情况区别使用。根据现场情况的不同，可分为三种程度：一是应酬式鼓掌，动作不大，声音也比较轻，时间不长，主要是为了表示礼貌；二是比较激动的鼓掌，发自内心，一般动作比较大，声音也很响亮，掌声热烈；三是比较狂热的鼓掌，表现出心情难以抑制。

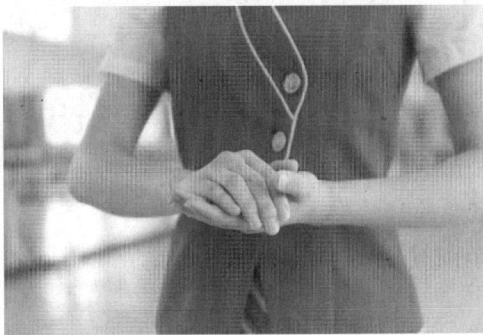

【注意】

①鼓掌要注意时机。鼓掌的时机把握是非常重要的，一定要在该鼓掌的时候鼓掌，不该鼓掌的时候一定不要鼓掌。

②不要用语言配合。在鼓掌时尽量不要用语言配合，那样是非常没有修养的表现。

③勿戴手套。在鼓掌时不要戴手套。

（4）举手手势

在很多特殊场合，如一些会议上，需要做出举手的手势，表示招呼或者赞同的意思。举手就是手臂轻缓地由下而上，向侧上方伸出，手臂可全部伸直，也可稍有弯曲。注意示意时要伸开手掌，掌心向外对着对方，指尖指向上方，手臂不要左右来回摆动。

（5）告别手势

接待人员告别时需要做出挥手道别的手势。此时要求身体站直，不要摇晃和走动；手臂向上前伸，不要伸得太低或过分弯曲；掌心向外，指尖朝上，单手左右挥动，用双手道别时两手同时由外侧向内侧挥动，不要上下摇动或举而不动。目光正视对方，不要东张西望、目光游移。

3.运用手势语的注意事项

（1）幅度适中

手势语要求手势的幅度不要太大，但也不要畏畏缩缩。具体要求是：

①手势的高度上界一般不超过对方的视线。

②手势的高度下界不低于自己腰部。

③手势左右摆动的范围不要太宽，应在胸前或右方。

（2）频率适中

在与顾客交谈的时候，避免指手画脚、手势过多。一般情况下，手势宜少不宜多，恰当地表达出你的意思和感情即可。手势过多会给人留下装腔作势、缺乏修养的印象。

（3）避免不礼貌和不雅的动作

有哪些动作是不礼貌或者不雅的呢？例如：

①与顾客交谈中说到自己时，不要用手指指自己的鼻尖，可用手掌按在自己的胸口上。

②与顾客交谈中说到他人时，如此人正好在场，不能用手指着此人，更忌讳在背后对人指指点点等不礼貌行为。

③接待顾客时，避免抓头发、摆弄手指、抬腕看表、掏耳朵、抠鼻孔、剔牙、咬指甲、玩饰物、拉衣服袖子等动作。

这些动作看似细小，但是会让人非常反感。

4.中外手势礼仪差异

手势是体态语言之一。在不同的国家和地区，手势有不同的含义。在用手势表示数字时，中国人伸出食指表示"1"，欧美人则伸出大拇指表示"1"；中国人伸出食指和中指表示"2"，欧美人伸出大拇指和食指表示"2"，并依次伸出中指、无名指和小指表示"3""4""5"。中国人用一只手的五根手指还可以表示6到10的数字，而欧美人表示6到10的数字要用两只手，如展开一只手的五指，再加另一只手的拇指表示"6"，以此类推。在中国伸出食指且指节前屈表示"9"，日本人却用这个手势表示"偷窃"。中国人表示"10"的手势是将右手握成拳头，在英美等国则表示"祝好运"或示意与某人的关系密切。

伸出一只手，将食指和大拇指搭成圆圈，美国人用这个手势表示"OK"，是赞扬和允诺之意；在印度，表示"正确"；在泰国，表示"没问题"；在日本、缅甸、韩国，表示"金钱"；在法国，表示"微不足道"或"一文不值"；斯里兰卡的佛教徒用右手做同样的姿势，放在颌下胸前，同时微微欠身颔首，以此表示希望对方"多多保重"；在巴西、希腊以及意大利的撒丁岛，表示一种令人厌恶的污秽手势；在马耳他，则是一句无声而恶毒的骂人语。

中国人表示赞赏之意，常常竖起大拇指，同时其余四指蜷曲，而竖起小指则表示蔑视。日本人则用大拇指表示"老爷子"，用小指表示"情人"。在英国，竖起大拇指是拦路要求搭车的意思。在英美等国，以V字形手势表示"胜利""成功"；在亚非国家，V字形手势一般表示两件事或两个东西。

在欧洲，人们相遇时习惯用手打招呼，标准的动作是伸出胳膊，手心向外，用手指上下摆动，如果整只手摆动表示"不"或"没有"之意。而在美国，打招呼是整只手左右摆动。如果在希腊，一个人摆动整只手就是对旁人的污辱，这样做将会造成不必要的麻烦。

总之，与不同的国家、地区、民族的人交往，需懂得他们的手势语言，以免闹出笑话，造成误解。

◆ 任务演练

情境模拟：

张明雯是某学校的应届毕业生，为找到一份理想的工作，他在面试时特别注意自己的仪态礼仪。今天，张明雯要到一家公司去面试，请注意展示全方位的仪态礼仪（包括站、走、蹲、表情、手势等）。

角色扮演：

学生两人为一组，完成下列内容：

①一人扮演面试官，一人扮演张明雯，模拟面试现场。

②两位同学角色互换，互相配合，合理运用仪态礼仪。

检测要点：

通过情境模拟考查学生对仪态礼仪具体规范、要求的掌握程度：

①能按照站姿、走姿、蹲姿的具体规范和要求，结合特定场景正确展示。

②能结合特定场景的要求，正确、规范地使用表情。

③能结合特定场景的要求，正确、规范地使用手势。

◆ 任务评价

序号		评价要点	得分/分	总评
1	知识（30分）	①了解仪态礼仪的基本知识（15分）		A（86~100分）B（76~85分）C（60~75分）D（60分以下）
		②掌握站姿、走姿、蹲姿、表情、手势的相关规范、要求（15分）		
2	技能（40分）	通过情境模拟、角色扮演的方式，理论结合实际，能够正确、规范地运用仪态礼仪（40分）		
3	素养（30分）	①良好的沟通交流能力（10分）		
		②团队协作精神（10分）		
		③分析问题、解决问题的能力（10分）		
合计	（　）分	等级评定　□A.优秀　□B.良好　□C.合格　□D.有待提高		

活动园地

　　创新礼仪公司将举行一年一度的招聘面试，李婷担任此次面试官助理，她将协助面试官王总进行本次招聘面试的统筹安排，请同学们以班为单位，进行一场礼仪面试实操。

项目三
商务交往礼仪

【项目情境】

林婷担任公关助理后将在前台工作,公关总监告诉她,前台工作是每个公关人员的入门锻炼项目,负责来访迎接、接听电话、收发名片等工作,要想做好这些工作,必要的商务交往礼仪是需要注意的。

想一想

商务交往礼仪需要注意哪些方面?

[任务一]

交往礼仪

◆ **任务目标**

知识目标	①掌握问候的次序和内容 ②了解介绍他人的顺序与细节 ③知道其他见面礼仪的要点
技能目标	①能按照正确顺序和良好的态度介绍他人 ②能真诚、友善、正确地问候
素养目标	树立规范得体的交往礼仪意识

◆ **任务情境**

今天是公司的周年庆，总监派林婷接待合作公司的领导，林婷该怎么问候、介绍呢？

任务学习

一、问候礼仪

1.问候的内容

问候内容分为直接式和间接式两种，分别适用不同场合。

（1）直接式问候

直接以问好作为问候的主要内容，适用于正式的交往场合，特别是在初次接触的商务及社交场合，如"您好""大家好""早上好"等。

（2）间接式问候

以某些约定俗语作问候语，或者在当时条件下可以引起的话题，适用于非正式、熟人之间的交往，如"最近好吗""忙什么呢""您去哪里"等。

2.问候的态度

问候是敬意的一种表现，态度上一定要注意主动、热情、大方。

（1）主动

向他人问候时，要积极、主动。同样，当别人首先问候自己时，要立即予以回应，千万不要摆出一副高不可攀的样子。

（2）热情

向他人问候时，要表现得热情、友好、真诚，毫无表情、拉成苦瓜脸、表情冷漠地问候不如不问候。

（3）大方

向他人问候时，必须表现出落落大方的态度。矫揉造作、神态夸张，或者扭扭捏捏，反而会给人留下虚情假意的坏印象。问候的时候，要面带笑容，与他人有正面的视线交流，以做到眼到、口到、意到。在问候对方时，目光不要游离、东张西望，这样会让对方不知所措。

3.问候的次序

在正式场合，问候一定要讲究次序。

（1）一对一的问候

一对一（两人之间）的问候，通常是"位低者先问候"。即身份较低者或年轻者首先问候身份较高者或年长者。

（2）一对多的问候

如果同时遇到多人，特别是在正式会面时，既可以笼统地加以问候说"大家好"，也可以逐一问候。当逐一问候多人时，既可以由"尊"到"卑"、由"长"到"幼"地依次进行，也可以由"近"到"远"依次进行。

4.称呼礼仪

称呼对方时要遵循先上级后下级、先长辈后晚辈、先女士后男士、先疏后亲的顺序进行。

（1）亲缘性称呼

如"爸爸""妈妈""叔叔""大爷""大哥""二姐""姑妈""舅舅""姨妈""表哥""表姐"之类，在家庭生活时常用，显得亲切温馨。

（2）职场性称呼

与交际对象的职务、职称等相称，如"李教授""张董""孙医生"之类，以示身份尊重，这是一种常见的称呼方式。

（3）姓名性称呼

①连名带姓称呼，只在开会等少数场合使用。

②只呼其姓，并在姓前加上"老""小"等前缀，如"老刘""小郭"，比较尊敬随和，也较常用；姓加后缀，如"王老""林公"之类则尊敬有加，只能对德高望重者使用。

（4）泛称性称呼

对未知其姓名、职务、身份者，可用泛尊称。在公司、服务行业对男性称"先生"、女性称"女士"，有的地方泛称"老师"；购物、问路等场合常用"同志""师傅"之类的泛称，也可用"大爷""大娘""大哥""阿姨"之类带亲缘性的称呼，显得更为亲切。

二、介绍礼仪

在交际礼仪中，介绍是一个非常重要的环节，是进行沟通、增进了解、建立联系的最基本、最常规的一种方式。

介绍的种类有三种，分别为自我介绍、他人介绍和集体介绍。

1.自我介绍

卑者主动向尊者作自我介绍；主人主动向客人作自我介绍；下级主动向上级作自我介绍；年幼者主动向年长者作自我介绍。

自我介绍的具体形式如下：

（1）应酬式自我介绍

适用于某些公共场合和一般性社交场合，它的对象主要是进行一般接触的交往对象，一般只介绍姓名。

（2）工作式自我介绍

工作式自我介绍的内容包括本人姓名、供职单位以及部门、担任的职务或从事的具体工作等。

（3）交流式自我介绍

主要适用于社交活动，是刻意寻求与交际对象进一步交流与沟通，希望对方认识自己、了解自己、与自己建立联系的自我介绍。交流式自我介绍的内容包括姓名、单位、工作、职务、籍贯、学历、兴趣以及与交际对象的某些熟人的关系。

（4）礼仪式自我介绍

适用于讲座、报告、演出、庆典、仪式等一些正规而隆重的场合，是一种意在表示对交际对象友好、敬意的自我介绍。礼仪式自我介绍的内容包括姓名、单位、职务等，还应该适当地加一些谦辞、敬语。

（5）问答式自我介绍

一般适用于应试、应聘和公务交往。内容讲究问什么答什么，有问必答。

想一想

在面试时，我们应该采取哪种方式介绍自己？

自我介绍应该注意时间以半分钟左右为宜，无特殊情况，一般不要超过一分钟；注意时机，介绍自己时要把握好时机；讲究态度，进行介绍时，态度务必要自然、友善、亲切、随和、大方；介绍力求真实。

【注意】

①自我介绍时间要简短明了，一般半分钟以内即可结束。

②注意介绍的时机，有的场合是不适宜作自我介绍的，比如对方忙碌时、投票时。

③介绍的内容要全面，应当包含四个要素：单位、部门、职务、姓名。在某些特定场合中需全面介绍，如面试时。

④若有名片，宜先递名片再介绍。这样头衔、职务就不必说，只需重复姓名，以

免对方念错。倘若自己单位和部门头衔较长，第一次介绍时一定要使用全称，第二次才可以改用简称。

2.他人介绍

他人介绍也称第三者介绍或为他人做介绍，是经第三者为彼此不相识的双方引见、介绍的一种方式。他人介绍通常是双向的，即对被介绍的双方各自做一番介绍。有时也会进行单向他人介绍，即只将被介绍者中某一方介绍给另一方。为他人做介绍，需要把握以下要点：

（1）介绍他人的顺序

在为他人做介绍时，谁先谁后是一个特别敏感的头号礼仪问题，必须遵守"尊者优先了解情况"规则。先要确定双方地位的尊卑，然后先介绍位卑者，后介绍位尊者。这样可使位尊者先了解位卑者的情况。根据规则，为他人做介绍时礼仪顺序大致有以下几种：

①介绍上级与下级认识时，应先介绍下级，后介绍上级。

②介绍长辈与晚辈认识时，应先介绍晚辈，后介绍长辈。

③介绍年长者与年幼者认识时，应先介绍年幼者，后介绍年长者。

④介绍女士与男士认识时，应先介绍男士，后介绍女士。

⑤介绍已婚者与未婚者认识时，应先介绍未婚者，后介绍已婚者。

⑥介绍同事、朋友与家人认识时，应先介绍家人，后介绍同事、朋友。

⑦介绍主人与客人认识时，应先介绍客人，后介绍主人。

⑧介绍与会先到者与后来者认识时，应先介绍后来者，后介绍先到者。

（2）介绍他人的方式

在实际生活和工作中，由于实际需要的不同，为他人做介绍时的方式也不尽相同。

①一般式。也称标准式，以介绍双方的姓名、单位、职务等为主，适用于正式场合，如："请允许我来为两位引见一下。这位是金星公司运营主任李芳女士，这位是晨辉集团总经理李静女士。"

②简单式。只介绍双方姓名一项，甚至只提到双方姓氏而已，适用一般的社交场合，如："我来为大家介绍一下，这位是林校，这位是陈董。"

③附加式。也称强调式，用于强调其中一位被介绍者与介绍者之间的关系，以期引起另一位被介绍者的重视，如："大家好！这位是我的大客户金星公司的销售主管张总，这位是曾经理，请大家多多关照。"

④引见式。介绍者所要做的是将被介绍的双方引见到一起即可，适用于普通场合，如："两位认识一下吧。大家其实都在一个公司共事，只是不是一个部门，那你们自己聊一会儿。"

⑤推荐式。介绍者经过精心准备才将某人举荐给某人，介绍时通常会对前者的优点加以重点介绍。通常适用于比较正规的场合，如："李经理，这位是我们公司公关部的林晓彤总监。林总监已经处理了百余起国际推广项目，由她负责您的项目，相信肯定能

合作愉快。具体事项你们多多商谈，我就不打扰了。"

⑥礼仪式。一种最为正规的他人介绍，适用于正式场合。其语气、表达、称呼上都更为谦恭，如："孙小姐，您好！请允许我把上海远方公司的执行总裁李浩先生介绍给您。李先生，这位就是深圳润发集团人力资源部的孙清小姐。"

3.集体介绍

把某个单位、某个集体的情况向其他单位、其他集体或其他人说明，叫作集体介绍。集体介绍是他人介绍的一种特殊形式。集体介绍大致可分为两种情况：一是为一人和多人做介绍；二是为多人和多人做介绍。

集体介绍遵循的原则如下：

①少数服从多数。当被介绍者双方地位、身份大致相似时，应先介绍人数较少的一方。

②强调地位、身份。若被介绍者双方地位、身份存在差异，虽人数较少或只有一人，也应将其放在尊贵的位置，最后加以介绍。

③单向介绍。在演讲、报告、比赛、会议、会见时，往往只需将主角介绍给广大参观者。

④人数较多一方的介绍。若一方人数较多，可采取笼统的方式进行介绍。

⑤人数较多各方的介绍。若被介绍的不止两方，需要对被介绍的各方进行位次排列。

【注意】

①介绍者要注意自己的姿态。作为介绍者，无论介绍哪一方，手势动作都应文雅，手心向上，四指并拢，拇指微张，胳膊略向外伸，指向被介绍的一方，并向另一方点头微笑，上体略前倾，手臂与身体成50°~60°。

②介绍应语言明快、脉络清楚，忌啰唆。

③介绍者为被介绍者做介绍之前，要先征求被介绍双方的意见。被介绍者在介绍者询问自己是否有意认识某人时，一般应欣然表示接受。如不愿意，应向介绍者说明缘由，取得谅解。

④当介绍者介绍完毕，被介绍双方应依照合乎礼仪的顺序进行握手，并且彼此使用"您好""久仰"等语句问候对方。

⑤当介绍者走上前来介绍时，被介绍双方均应起身站立，面带微笑，大大方方地目视介绍者或者对方。但女士、长者有时可不用站起，宴会、谈判会上略微欠身致意即可。

三、其他常见见面礼仪

1.拥抱礼

正确的拥抱礼：两人正面对立，各自举起左臂，将左手搭在对方的右臂后方，右手扶住对方的左后腰。首先向左侧拥抱，然后向右侧拥抱，最后再次左侧拥抱，礼毕。拥抱时，还可以用左手掌拍打对方右臂的后侧，以示亲热。

2.拱手礼

一般以左手抱握在右拳上，双臂屈肘拱手至胸前；自上而下或自内而外有节奏地晃动两三下。

3.脱帽礼

见面时，男士应摘下或举一举帽子，并向对方致意或问好；若与同一个人在同一场合前后多次相遇，则不必反复脱帽。进入主人房间时，客人必须脱帽。在庄重、正规的场合应自觉脱帽。

4.点头礼

点头礼是同级或平辈的礼节，如在路上行走时相遇，可以在行进中点头示意。

5.注目礼

注目礼是注视受礼者，并用目迎、目送来表示敬意的一种礼节。行注目礼时，行礼者应面向或将头转向受礼者，呈立正姿势，抬头挺胸，注视受礼者还礼后目光平视或将头转正。

6.鞠躬礼

基本姿势：身体标准站姿，手放在腹前或身体两侧。

鞠躬角度：15°、45°、90°。

表情：自然，符合场景。

眼神：注视对方或注视地面。

◆ 任务演练

情境模拟：

公关部助理林婷所在公司邀请合作公司的几位贵宾参加周年庆典，庆典仪式在公司一楼大厅举行。林婷将负责贵宾的接待工作。

角色扮演：

学生两人为一组，完成下列内容：

①一人扮演贵宾，一人扮演负责接待的林婷，需要问候贵宾。

②两位同学角色互换，林婷向贵宾介绍自己并为贵宾相互介绍。

检测要点：

考查学生对介绍他人及自己、问候他人的要点的掌握程度：

①能按照正确顺序介绍他人，介绍时做到态度真诚，有礼有节，语言清晰明快，让宾客有被重视的感觉。

②能主动介绍自己，做到亲切自然，语言简明扼要。

③能按照正确的次序进行问候，问候时做到称呼正确（职场性称呼）、主动、热情、大方，并注意问候的细节。

◆ 任务评价

序号		评价要点	得分/分	总评
1	知识（30分）	①了解交往礼仪的基本知识（15分）		A（86~100分） B（76~85分） C（60~75分） D（60分以下）
		②掌握介绍礼仪、问候礼仪、其他常见见面礼仪的相关要求（15分）		
2	技能（40分）	通过情境模拟、角色扮演的方式，理论结合实际，能够正确、规范地运用交往礼仪（40分）		
3	素养（30分）	①良好的沟通交流能力（10分）		
		②团队协作精神（10分）		
		③分析问题、解决问题的能力（10分）		
合计	（ ）分	等级评定	□A.优秀　□B.良好　□C.合格　□D.有待提高	

[任务二]   NO.2

交谈与电话礼仪

◆ 任务目标

知识目标	①掌握交谈的基本要求 ②掌握打电话的礼仪和挂电话的技巧
技能目标	①能在日常交谈场合中选择合适的态度与人交谈 ②能运用语言技巧与人交谈 ③能正确接听和挂断电话
素养目标	树立规范得体的交谈礼仪意识

◆ 任务情境

销售员林琳向消费者电话推销车辆保险产品，一位消费者对此提出了质疑。

消费者：都是骗人的。

林　琳：您可别不信，您要是发生意外了，那可就晚了！

消费者：你们又不优惠，又不是非得选你们。

林　琳：选择权在于大家，我们的这款产品很火爆，也不缺市场，若您觉得贵，等到出了什么事，您呀，花的钱更多。

林琳的言语引起了消费者的不满，对方马上挂断电话。你认为林琳在交谈中犯了哪些错误？该注意什么？

◆ 任务学习

一、交谈礼仪

交谈是表达思想及情感的重要工具，是人际交往的主要手段。交谈是以对话为基本形式，包括交谈主体、交谈客体、交谈内容三个方面。

1.交谈主体的态度要求

（1）真诚

交谈主体态度要认真、诚恳，认真对待交谈的主题，表达各自的观点和看法。只有用自己的真情引起对方感情的共鸣，交谈才能取得不错的效果。

（2）尊重

要取得满意的交谈效果，就必须顾及对方的心理需求。因此，谈话时要把对方作为平等的交流对象，学会运用敬语和自谦语。

（3）亲切

亲切的态度能够拉近双方的距离，给人如沐春风之感，能够让对方卸下防备，让整个交谈轻松、顺利。

2.交谈内容的选择

（1）找到共同话题

俗话说"话不投机半句多"，共同话题是打开沟通的钥匙，能够帮助拉近距离，助推交谈的顺利进行。共同话题的寻找离不开平时的阅读和实践，因此我们在平时的生活中要注重知识的广泛涉猎。

（2）避免不适的内容

每个人可能都有避讳的话题，一般在交谈中要坚持"六不问"原则：不问年龄；不问住址；不问体重；不问收入；不问感情；不问信仰。在交谈前，应了解交谈客体，熟悉他的兴趣和不愿谈及的事情；在交谈中，充分尊重交谈客体的感受，不主动触碰会引起不适的内容，选择一些令人轻松、愉快的内容。

（3）选择自己擅长的内容

交谈的内容应是自己和对方熟悉的，最好是自己擅长的领域。只有这样，才能充分展现自己的专业性，在交谈过程中得心应手，让对方感到自己谈吐不凡，有利于话题的进行，特别是合作的继续。

（4）交谈需条理清晰

交谈时，先讲什么，后讲什么，思路要清晰，内容有条理，布局要合理。找到事情的关键，清晰明了地发表自己的见解，让对方很容易地知道自己的意思，这就是所谓的"一针见血"。

3.交谈的语言技巧

（1）用语准确

语言的准确包含以下几点内容：

①发音准确。我国是多省份国家，方言众多，在进行交谈时，要保持语音的准确，使用双方都适宜的语言，如普通话，慎用土话和外语（除有外宾之外），尤其是不能出言不逊，忌用粗话。

②语速要适度。语速过快，会让人听不清，给人紧张的感觉；语速过慢，则给人拖拉之感。

③口气要谦和。在交谈中，口气要谦和亲切，多使用敬语。

（2）懂得倾听

倾听是交谈的前提，只有通过充分倾听明白对方的意思，才能做出有效反馈。

（3）适时回应

在交谈过程中，对对方的谈话内容表示赞同时，要点头或鼓掌回应；对对方的内容表示重视时，甚至需要边听边记录，以给予对方充分的尊重，同时也鼓励对方继续交谈的兴趣和欲望。

（4）将孩童式表达换为成人式表达

孩童式表达多以"我要""不要"开头，这样的表达方式给人强制命令的感觉，会激起对方的反感，不妨换成成人式表达"也许……还不错""……你觉得呢"。如此一来，委婉地表达了自己的意见，同时也不会让对方难堪。如"这个方案必须在十点钟之前上交"改成"方案早点出来我们就能早做部署，大家也可以早点完工了，如果能早点制订出方案，那可就帮了我们一个大忙"。前者的孩童式表达语气强硬，不容置疑，会给人威严有余而人情味不足，而后者成人式表达降低姿态，把对方放在施予者的角度，既告知了工作的重要性，也能让对方乐于接受，主动完成。

试一试

将下列孩童式表达换为成人式表达：

①大家安静下来，都听我说。

②必须改掉这些不足。

（5）学会说服

在商务活动中，很多时候都会意见相左，要想改变对方的观点（除原则性问题），就要使用说服的技巧：比如先适时赞美对方，再提出反对意见；以事实为依据，以数据为靶向，以理服人；用情感的力量打动人心，达到动之以情的效果。

想一想

一位盲人站在路边，身边放了一块牌子："我什么也看不见。"过往行人很多，但无人驻足。一位诗人路过，在牌子上加了一句话："春天来了，我什么也看不见。"过路之人看后都纷纷解囊。这句话是怎么说服路人施舍的呢？

4.交谈的注意事项

（1）双向互动，不要唱独角戏

交谈是双向沟通的过程，交谈时一定要注意礼让他人，多给对方发言的机会，不要总是一个人侃侃而谈，不给别人说话的机会。

（2）不要随意插嘴

在别人说话时，尽量不要中途打断，这种行为不但不礼貌，给对方不适感，而且会打断对方的思路，干扰整个会谈。

（3）不要冷场

在交谈中要尽量保持有话题可谈，这就要求在交谈前做好内容的准备。如果因某些原因导致交谈留白，应该及时引出新话题，使交谈顺利进行下去。

（4）不要随意否定

我们每个人都有自己的想法，当意见相左时，不要急于否定，先耐心地听下去，采取另一种沟通方式进行交流。

知识窗

交谈的氛围创造小妙招

1.善意的恶作剧

有分寸地、善意地取笑别人并不是坏事。善意的恶作剧具有出人意料的效果，它能导致众人的欢笑。人们在捧腹大笑之际，超脱了习惯、规则的界限，享受不受束缚的"自由"和解除规矩的"轻松"。

2.带一些小道具

朋友相聚，也许在初次见面时因打不开局面陷于窘境，也许在中间出现冷场。这时，你随身携带的小道具便可发挥作用。一个精致的钥匙扣可能引发一大堆话题；一把扇子，既可用来遮阳光，又可在上面题诗作画，还可引起大家特殊的兴趣。小道具的妙用不可小觑。

3.引发共鸣

成功的社交应是众人畅所欲言，各自都表现出最佳的才能，做出最精彩的表演。最忌一个人唱独角戏，大家当听众。为达到这一目的，就必须寻找能引起大家最广泛共鸣的内容。有共同的感受，彼此间才可各抒己见，互相交流看法，气氛才会热烈。所以，你若是社交活动的主持人，一定要把活动的内容同参加者的好恶、最关心的话题、最擅长的本领等因素联系起来，以免出现冷场。

4.给一个无痛苦的伤害

有时候，那些毕恭毕敬的夫妻未必就没有矛盾，而平日吵吵闹闹的恋人可能会更亲密。社交也是如此，若彼此开句玩笑，互相"攻击"几句，"打一拳、给两脚"，反倒显得亲密无间、无拘无束。

5.怪问怪答

交谈中，不时穿插一些意想不到的、貌似荒谬而实则有意义的问题，是一种很好的活跃气氛的方式。那些一本正经的人会给人古板、单调、乏味的感觉。也许会有人时常问你一些荒谬的问题，如果你直斥对方荒谬，或不屑一顾，不仅会破坏交谈气氛和人际关系，而且会被人认为缺乏幽默。

6.夸张般的赞美

和朋友久别重逢，见面后不免寒暄一番，你完全可以借此发表一番高论，把每个人的才能、成就、天赋、地位、特长等做一种夸张式的渲染，会让朋友们感到你深深地了解、倾慕他们。这种把人抬得极高，但没有虚伪、奉承之感的介绍，会立即使整个气氛变得异常活跃，友情会加深一层。

7.寓庄于谐

社交需要庄重，但长时间保持庄重气氛会使人精神紧张。寓庄于谐的交谈方式比较自由，在许多场合都可以使用。用幽默、诙谐的语言，同样可以表达较重要的内容。

8.制造悬念

在相声里，悬念是相声大师的"包袱"。有意地制造悬念会使人更加关注你的一举一动。当人们精力集中、全神贯注时抖开"包袱"，大家发觉这是虚惊一场，就会付之一笑，报以掌声。

二、电话礼仪

1.接打电话前

准备记录工具：如果大家没有准备好记录工具，那么当对方需要留言时，就不得不要求对方稍等一下，让宾客等待，这是很不礼貌的。所以，在接听电话前，要准备好记录工具，如笔和纸、手机、电脑等。

2.接打电话时

①选择合适的时间拨打电话。给他人打电话时，若非紧急事项，尽量选择白天拨打；遵循他人的作息规律，如有午休习惯的人避开下午1—2点；国际电话应充分考虑时差。

②接听电话需要在三声之内接起，这是很多服务型公司的要求。

③停止一切不必要的动作。不要让对方感觉到你在处理一些与电话无关的事情，对方会感到你在分心，这是不礼貌的表现。

④注意语调语速。在电话交谈时，语速不可太快，以免含混不清，影响消息的有效传递；也不可太慢，拖拉时间，引起对方反感；应保持速度适中。

⑤电话接听后，首先问候并作自我介绍，如"您好，我是××公司的××"或"请问这是××的家吗"。若得到肯定回答，直接说明事项；若为否定回答，则表明歉意；若对方不在由他人接听，则需要表示再行拨打或请他人转告回电。

3.挂断电话

挂断电话一般需要对方先行挂断后才挂。挂断电话时最后的话语一般有两种情况：

①与上级电话后，需询问领导意见"这样做不知是否合适，请您指示"或"我会随时向您汇报"。

②与平级电话后，可以说"有事再联系""保持联系"等。

【注意】

①打电话时，请注意场所，如加油站、电影院都禁止使用手机。

②接电话时切忌使用语气强硬的单个字，如"说""讲"等。

◆ 任务演练

情境模拟：

酒店承接了皇冠商贸公司周年庆的活动，酒店前台张红需要询问对方人数、日期、入住情况和菜单等信息。于是，张红想给皇冠公司公关处李经理打电话。

角色扮演：

学生两人为一组，完成下列内容：

①若你是张红，请口头阐述你需要准备什么。

②一人扮演李经理，一人扮演张红，进行电话交谈。

检测要点：

考查学生对拨打电话时的注意事项和交谈礼仪的掌握程度：

①拨通电话后能进行简单问候，问候时做到称呼正确（职场性称呼），主动、热情、大方。

②能主动介绍自己，做到亲切自然。

③语言简明扼要，直入主题，善于倾听信息并做好记录。

④态度尊重，挂断电话时注意礼节。

◆ 任务评价

序号		评价要点	得分/分	总评
1	知识 （30分）	①了解电话礼仪的基本知识及相关要求（15分）		A（86~100分） B（76~85分） C（60~75分） D（60分以下）
		②掌握交谈语言的技巧（15分）		
2	技能 （40分）	通过情境模拟、角色扮演的方式，理论结合实际，能够正确、规范地运用交谈与电话礼仪（40分）		
3	素养 （30分）	①良好的沟通交流能力（10分）		
		②团队协作精神（10分）		
		③分析问题、解决问题的能力（10分）		
合计	（　　）分	等级评定　□A.优秀　□B.良好　□C.合格　□D.有待提高		

[任务三]

握手与名片礼仪

◆ 任务目标

知识目标	①掌握握手的姿势 ②知道名片的递送技巧和接收方式
技能目标	①能选择合适的时机握手 ②能运用正确的握手姿势 ③能正确递送和接收名片
素养目标	树立规范得体的握手与名片礼仪意识

◆ 任务情境

林婷作为秘书协同公司老总进行商务谈判，对方王总客气地递上自己的名片，林婷单手接过并直接把名片揣进了衣服口袋。双方达成合作意向，签署合作协议，在拍照时，为表谢意，林婷伸出戴着手套的手主动握手致意。请问，林婷有哪些不妥的举动?

◆ 任务学习

一、握手礼仪

握手是世界通用的礼节，也是日常交往中最常用的礼节，多用于欢迎、慰问、致谢和祝愿等场合。虽然只有短短几秒，却能从握手的时间、力度、顺序及姿势等细节捕捉到人物的内心活动。因此，握手的要领不可忽视。

1.握手的次序

两人之间握手，秉持尊者优先的原则。例如，男女之间，女士先伸手；晚辈和长辈之间，长辈先伸手；上下级之间，上级先伸手；主客之间，迎接时，主人先伸手，告别时，客人先伸手。

多人之间握手，可以由尊到卑，也可以由近到远。

2.握手的姿势

同性之间握手比较深，即握整个手掌。男性与女性之间只要稍稍握一下手指即可，具体动作分解如下：

①距对方一步远，上身稍微前倾，双脚站定，手掌与地面垂直，伸出右手，握住虎口，四指相交。

②握手的同时双目应注视对方，微笑致意（除肃穆场合）。需注意说话时间不能太长，握手时间应控制在3秒左右为宜。

3.握手的时机

一般表示欢迎、道别、安慰、鼓励时，可以握手。但如果对方手部有伤，或对方忙于其他事务，或对方与自己距离较远时，则不宜握手。

【注意】

①握手时双目应注视对方，微笑致意或问好。多人同时握手时应按顺序进行，切忌交叉握手。与人握手时不要看第三者或心不在焉。

②握手时不要一句话不说，也不可长篇大论、点头哈腰、过分客套。

③不要用左手，即使你是左撇子，也要用右手。

④男士在握手前需先脱下手套，摘下帽子，女士穿着晚礼服参加晚会时可以戴着手套握手。

⑤在任何情况下，拒绝对方主动要求握手的举动都是无礼的。但手上有污渍或不干净时，应谢绝握手，同时必须解释并致歉。

⑥不可在与对方握手后立即擦手，以免造成嫌弃对方的误会。

二、名片礼仪

名片的作用是介绍自己，是交际手段之一，让别人能快速了解自己，同时也方便别人保管存放。在递送名片和接受名片时需要注意相关礼仪规范。

1.递送名片的顺序

递送名片的顺序一般是地位低的人向地位高的人递送，男性向女性递送。当对方有多人时，参考多人握手的次序，尊者优先或由近到远，切勿跳跃式递送，以免有厚此薄彼之嫌。

2.递送名片的姿势

应稍微欠身，双手的拇指和食指分别持着名片正对对方进行递送。递送时，面带微笑，可说"您好，这是我的名片，请多多关照"等表示客气的话。

3.接收名片的姿势

必须起身接收名片，同时应用双手接收。

【注意】

不要在接收的名片上面做标记或写字；名片不可来回摆弄；接收名片时，要认真地看一遍；不要将对方的名片遗忘在座位上，或存放时不注意落在地上；至少要看一遍对方的职务、姓名等信息；遇到生僻字，应事先询问，或直接向对方请教。

◆ 任务演练

情境模拟：

市场部经理陈芸迎接前来商贸洽谈的A市耀华公司一行人，来宾有A市商务委员会张会长、耀华公司董事长李炜，以及比较熟悉的老朋友——耀华公司市场部经理秦泰。

角色扮演：

学生四人为一组，完成下列内容：

①一人扮演陈芸，演示怎样握手及递送名片。

②三人扮演来宾，演示怎样接收名片。

检测要点：

考查学生对握手及递送、接收名片的礼仪的掌握程度：

①按照正确的顺序，用正确的姿势握手。

②按照正确的顺序，用正确的姿势递送名片。

③用正确的姿势接收名片。

④语言简明扼要，态度尊重。

◆ **任务评价**

序号		评价要点	得分/分	总评
1	知识（30分）	①了解握手和递送、接收名片的礼仪（15分）		A（86~100分） B（76~85分） C（60~75分） D（60分以下）
		②掌握握手和递送、接收名片的技巧（15分）		
2	技能（40分）	通过情境模拟、角色扮演的方式，理论结合实际，能够正确、规范地运用握手和递送、接收名片的礼仪（40分）		
3	素养（30分）	①良好的沟通交流能力（10分）		
		②团队协作精神（10分）		
		③分析问题、解决问题的能力（10分）		
合计	（　　）分	等级评定　□A.优秀　□B.良好　□C.合格　□D.有待提高		

活动园地

　　公关部助理林婷为配合市场调研，需要到上级部门做问卷调查。林婷和上级部门的主任取得联系，在约定时间前往。林婷未敲门就直接走进了主任的办公室，正巧遇到主任在打电话。林婷刚想说话，主任挥手示意她出去。几分钟后，主任挂断了电话，林婷推门向主任说明来意，却被告知他要去开会，大约一小时后才能填写问卷。林婷不想再跑一趟，央求主任委派他人代为填写。主任面露不悦，坚持让林婷等候或另约时间。二人僵持不下，主任随即给林婷的主管领导打电话，让领导换人再来。领导致歉后将完成问卷的事委派给小黄。

　　学生两人为一组，一人扮演小黄，一人扮演主任，请从给主任打电话开始到完成问卷调查离开，进行情境表演。

HUODONG YUANDI

项目四
商务活动礼仪

【项目情境】

小王毕业后在英达集团企划部担任活动助理，企划部总监告诉她企划部代表着公司的形象，想要做好这项工作，必须熟知商务活动礼仪，并在日常接待、迎来送往中灵活运用。

想一想

商务活动礼仪需要注意哪些方面？

[任务一]

商务接待、拜访、馈赠礼仪

◆ 任务目标

知识目标	①掌握商务活动礼仪的内容 ②了解商务活动礼仪的流程与细节 ③知道其他活动礼仪的要点
技能目标	能自如地开展礼仪接待
素养目标	树立规范得体的活动礼仪意识

◆ 任务情境

小王初入商务公司担任活动助理，今天是公司的周年庆，需要与合作公司进行商务往来，总监派她前去对接。小王面对一系列的商务活动工作，该怎么开展呢？

◆ 任务学习

一、商务接待礼仪

接待是商务活动礼仪中最基本、最重要的环节。接待中的礼仪显得尤其重要，因为它是给客人留下良好第一印象的重要环节，将为下一步的深入接触打下坚实的基础。

商务接待一般可分为室外接待与室内接待。室外接待主要是指不在工作单位内的接待；反之，则是室内接待。

1.室外接待礼仪

（1）接待准备

对前来访问、洽谈业务、参加会议的外国、外地客人，应首先了解对方到达的车次、航班，安排与客人身份、职务相当的人员前去迎接。若因某种原因，相应身份的人员不能前往，前去迎接的人员应向客人礼貌地做出解释。

（2）及时接待

主人到车站、机场去迎接客人，应提前到达，恭候客人的到来，决不能迟到让客人久等。客人看到有人来迎接，内心必定感到非常高兴，若迎接来迟，必定会给客人留下不好的印象。

（3）接待礼节

接到客人后，应首先问候"一路辛苦了""欢迎您来到我们这个美丽的城市""欢迎您来到我们公司"等；然后向对方作自我介绍，如果有名片，可递予对方。

（4）交通工具的安排

迎接客人应提前为客人准备好交通工具，不要等到客人到了才匆忙准备，那样会让客人久等甚至误事。

（5）日程安排

主人应提前为客人准备好住宿，帮客人办理好一切手续并将客人领进房间，同时向客人介绍住处的服务、设施，将活动的计划书、日程安排表交给客人，并把准备好的地图或旅游图等材料送给客人。

将客人送到住地后，主人不要立即离去，应陪客人稍做停留，热情交谈。谈话内容要让客人感到满意，如客人参与活动的背景，当地风土人情，有特色的自然景观、特产、物品等。考虑到客人一路旅途劳累，主人不宜久留，应让客人早些休息。分手时将下次联系的时间、地点、方式等告诉客人。

2.室内接待礼仪

①客人要寻找的负责人不在时，要明确告诉对方负责人到何处去了，以及何时回本公司。请客人留下电话、地址，明确是由客人再次来公司，还是我方负责人到对方公司去。

②客人到来时，我方负责人由于种种原因不能马上接见，要向客人说明等待理由与等待时间。若客人愿意等待，应该为客人提供饮料、杂志，如果有空，应该随时为客人更换饮料。

③接待人员带领客人到达目的地，应有正确的引导方法和引导姿势。

·走廊上的引导方法：接待人员走在客人两三步之前，配合步调，让客人走在内侧。

·楼梯上的引导方法：当引导客人上楼时，应该让客人走在前面，接待人员走在后面；若是下楼时，应该由接待人员走在前面，客人在后面。上下楼梯时，接待人员应该注意客人的安全。

• 乘电梯的引导方法：引导客人乘坐电梯时，接待人员先进入电梯，等客人进入后关闭电梯门。到达时，接待人员按"开"的按钮，让客人先走出电梯。

• 客厅里的引导方法：当客人走入客厅，接待人员用手指示，请客人坐下；客人坐下后，行点头礼后离开。若客人错坐下座，应请客人改坐上座（一般靠近门的一方为下座）。

④诚心诚意地奉茶。我国人民习惯以茶水招待客人，在招待贵客时，茶具要特别讲究，倒茶和递茶也有许多规矩。

3.接待标准

根据来访人员的级别不同，可按以下标准安排接待：

（1）普通人员级别

适合人员：经销商业务类考察人员和技术人员、家装公司设计师、厂家中层管理者、普通意向经销商等。

①住宿标准按对方人员要求，公司不承担住宿费用。

②餐饮标准：午餐控制在300元以下，晚餐控制在400元以下。

③接待陪同人员：公司基层业务员、某地域经理。

④接待车辆：四驱车或出租车。

⑤以上标准是以两位客户为基准，如超过两位客户，则餐饮另加50元/人的标准计算。

（2）高级人员级别

适合人员：工程采购和终端消费企业领导、合作经销商、厂家高层管理人员、出口公司负责人等。

①住宿标准按对方人员要求，公司不承担住宿费用。

②餐饮标准：午餐控制在500元以下，晚餐控制在500元以下。

③接待陪同人员：某地域经理、督导。

④接待车辆：四驱车、商务车或出租车。

⑤感情接待：公司高层干部可安排一次或两次家中接待，接待人员陪同，以增加彼此间的感情（视双方合作情况而定）。

⑥其他接待项目：公司安排接待人员带客户到本地主要景点游玩或晚上娱乐，费用控制在700元以下；可于客户临行时赠送纪念品（视双方合作情况而定）。

⑦以上标准是以两位客户为基准，如超过两位客户，则餐饮另加100元/人的标准计算；娱乐另加200元/人的标准计算。

（3）特级人员级别

适合人员：主要某经销商领导（包括内销、出口）、主要某政府人员、本地相关行业部门负责人、厂家特邀领导、公司特邀领导、其他特殊人员等。

①住宿标准四星级酒店以上，房价控制在400~700元/间，公司承担全部费用。

②餐饮标准：午餐控制在1000元以下，晚餐控制在1000元以下。

③接待陪同人员：某地域经理、督导、营销总经理、股东。

④接待车辆：商务车或租用高级车。

⑤其他接待项目：公司安排接待人员带客户到本地主要景点游玩或晚上娱乐，费用控制在1200元以下；可于客户临行时赠送纪念品（视双方合作情况而定）。

⑥以上标准是以两位客户为基准，如超过两位客户，则餐饮另加100元/人的标准计算；娱乐另加250元/人的标准计算。

二、商务拜访礼仪

在商务交往过程中，相互拜访是经常的事，如果懂得商务拜访礼仪，无疑会为拜访活动增添色彩。

1.拜访前的准备

俗话说得好：不打无准备之仗。商务拜访前同样需要做好充分准备。拜访前必须提前预约，这是最基本的礼仪。一般情况下，应提前三天给拜访者打电话，简单说明拜访的原因和目的，确定拜访时间，经过对方同意后才能前往。

2.明确目的

拜访必须明确目的，出发前对此次拜访要解决的问题应做到心中有数。例如，你需要对方为你解决什么，你对对方提出什么要求，最终你要得到什么样的结果等，这些问题的相关资料都要准备好，以防万一。

3.礼物不可少

无论是初次拜访还是再次拜访，礼物都不能少。礼物可以起到联络双方感情、缓和紧张气氛的作用。所以，在礼物的选择上还要下一番苦功夫。了解对方的兴趣、爱好及品位，有针对性地选择礼物，尽量让对方感到满意。

4.自身仪表不可忽视

肮脏、邋遢、不得体的仪表是对被拜访者的轻视。一般情况下，登门拜访时，女士应着深色套裙，中跟浅口深色皮鞋配肉色丝袜；男士最好选择深色西装配素雅的领带，外加黑色皮鞋和深色袜子。

5.拜访过程

商务拜访过程中的礼仪众多，可归纳为以下几点。

（1）较强的时间观念

拜访他人可以早到却不能迟到，这是一般的常识，也是拜访活动中最基本的礼仪之一。早到可以借富裕的时间整理拜访时需要用到的资料，并准时出现在约定地点。迟到则是失礼的表现，不但是对被拜访者的不敬，也是对工作不负责任的表现，会给被拜访者留下不好的印象。

值得注意的是，如果因故不能如期赴约，必须提前通知对方，以便被拜访者重新安排工作。通知时一定要说明失约的原因，态度诚恳地请对方原谅，还需约定下次拜访的日期和时间。

（2）先通报后进入

到达约定地点后，如果没有直接见到被拜访者，拜访者不得擅自闯入，必须经过通报后再进入。一般情况下，前往大型企业拜访，首先要向负责接待的人员交代自己的基本情况，待对方安排好以后，再与被拜访者见面。当然，生活中不免存在这样的情况，被拜访者身处某一宾馆，如果拜访者已经抵达宾馆，切勿鲁莽直奔被拜访者所在房间，而应由宾馆前台人员打电话通知被拜访者，经同意后方可进入。

（3）举止大方，温文尔雅

见面后，打招呼是必不可少的拜访礼仪。如果双方是初次见面，拜访者必须主动向对方致意，简单地做自我介绍，然后热情大方地与被拜访者行握手礼。如果双方不是初次见面，主动问好致意也是必需的，这样可显示出你的诚意。关于握手，如果对方是长者、领导或女性，自己绝对不能先将手伸出去，这样有抬高自己之嫌，同样可能被视为对他人的不敬。

行过见面礼后，在被拜访者的引导下进入指定房间，待被拜访者落座以后，拜访者再坐在指定的座位上。

（4）开门见山，切忌啰唆

谈话切忌啰唆，简单的寒暄是必要的，但时间不宜过长。因为被拜访者可能有很多重要的工作等待处理，没有很多时间接见来访者，这就要求谈话要开门见山，简单地寒暄后直接进入正题。

当对方发表自己的意见时，打断对方讲话是不礼貌的行为。应该仔细倾听，将不清楚的问题记录下来，待对方讲完后再请求对方就不清楚的问题给予解释。如果双方意见产生分歧，一定不能急躁，要时刻保持沉着冷静，避免破坏拜访气氛，影响拜访效果。

（5）把握拜访时间

在商务拜访过程中，时间为第一要素，拜访时间不宜拖得太长，否则会影响对方其他工作的安排。如果双方在拜访前已经设定了拜访时间，则必须把握好已规定的时间；如果没有对时间做具体要求，那么就要在最短时间内讲清所有问题，然后起身离开，以免耽误被拜访者处理其他事务。

（6）拜访结束

如果谈话时间过长，起身告辞时，要向主人表示歉意，说"打扰"。出门后，回身主动与主人握别，说"请留步"。待主人留步后，走几步再回首挥手致意，说"再见"。

商务拜访是当今最流行的一种公务形式，也是对礼仪要求最多的商务活动之一。掌握好上述礼仪要领，将有助于商务工作的顺利进行。

三、商务馈赠礼仪

馈赠是社交活动的重要手段，作为一种非语言的交际方式，馈赠以物的形式出现，以物表情，礼载于物，得体的馈赠能起到寄情言意之"无声胜有声"的作用。得体的馈赠恰似无声的使者，给交际活动锦上添花，给人们之间的感情和友谊注入新的活力。

然而送给谁、为什么送、送什么、何时送、在什么场合送、如何送等却是一个既古老又新奇的问题。因此，我们只有明确馈赠的目的和馈赠遵循的基本原则，才能真正发挥馈赠在交际中的重要作用。

在现代商务交往中，人与人之间的距离逐渐缩短，接触面越来越广。但如何挑选适宜的礼品，对每一位商务人士都是难解的问题。懂得送礼技巧，不仅能达到大方得体的效果，还可增进彼此的感情。

同时，要注意送礼的一些忌讳。切忌送一些将会刺激别人感受的东西。不要妄想以礼物来改变别人的品位和习惯。必须考虑接受礼物的人的职位、年龄、性别等。谨记除去吊牌及商店的包装，无论礼物是否名贵，最好用包装纸包装，有时细微之处更能显出送礼人的心意。还应考虑接受者在日常生活中能否使用你送的礼物。

一次成功的商务接待、拜访、馈赠，其秘诀在于细心，每一位接待人员都要做到礼仪当先、以礼待客。

1.馈赠的时间把握

参加宴会活动向主人赠送礼品时，应在见面之初把礼物赠予对方；当自己以东道主身份接待来宾时，通常是在对方告辞之前向对方赠送礼品，在宴会上赠送或到其下榻处赠送都可。

2.馈赠礼品的选择

送礼是一门学问，也是一门艺术。礼不在贵贱，重在是否投其所好，是否被对方所喜欢。一般来说，在礼品的选择上应遵循以下原则：

①贵在巧。即用意巧妙，具有特定的意义；东西精致或精巧，地方特产是较好的选择。

②贵在小。所送礼品一般以能够随身携带、小巧玲珑为佳。

③贵在少。送礼应遵循少而精的原则，公司的主打产品、宣传画册、企业标志或建筑模型等，都是很好的正式礼品。在重大活动中，以公司的名义正式向外界赠送礼品，要突出礼品的纪念意义。针对西方人士的礼品有玉饰、蜡染或真丝服饰、景泰蓝、绣品等。

3.商务馈赠的禁忌

中国人普遍有"好事成双"的说法，因而凡是大喜大贺之事，所送之礼均好双忌单，但有些地方忌讳"4"这个偶数。

再如，白色虽有纯洁无瑕之意，但中国人比较忌讳，因为在中国，白色常是悲哀之色和贫穷之色；同样，黑色也被视为不吉利，是凶宅之色、哀丧之色；而红色则是喜庆、祥和、欢庆的象征，受到人们的普遍喜爱。

此外，中国人还常常讲究不能给老人送"钟"，不能给夫妻或情人送"梨"。这类禁忌还有许多，需要我们去遵循。

由于文化上的差异以及不同历史、民族、社会、宗教的影响，世界各国对馈赠喜好和禁忌也有所不同，只有把握好这些特点，在交往活动中才能发挥馈赠应有的作用。

商务馈赠礼仪非常细微，但确实非常重要。如果稍不注意就会给对方不好的印象，或触及对方的底线。

◆ 任务演练

情境模拟：

企划部助理小王所在公司邀请合作公司几位贵宾前来参加周年庆典，庆典仪式在公司一楼大厅举行，小王负责接待工作。

角色扮演：

学生两人为一组，完成下列内容：

①一人扮演贵宾，一人扮演负责接待的小王，进行室外接待和室内接待演练。

②两位同学角色互换，进行拜访礼仪和馈赠礼仪练习。

检测要点：

考查学生对室内接待礼仪、室外接待礼仪、拜访礼仪、馈赠礼仪的掌握程度：

①能按照正确顺序进行室外接待，接待时有礼有节，让宾客有被重视的感觉。

②能按照正确顺序进行室内接待，接待时有礼有节，让宾客有被重视的感觉。

③能掌握从拜访前到拜访时需要注意的礼仪细节。

④能在商务交往中注意送礼技巧，了解送礼忌讳。

◆ 任务评价

序号		评价要点	得分/分	总评
1	知识（30分）	①了解活动礼仪的流程与细节（10分）		A（86~100分） B（76~85分） C（60~75分） D（60分以下）
		②掌握接待礼仪、拜访礼仪、馈赠礼仪的相关要求（20分）		
2	技能（40分）	通过情境模拟、角色扮演的方式，理论结合实际，能够正确、规范地运用活动礼仪（40分）		
3	素养（30分）	①良好的接待交往能力（10分）		
		②服务礼仪意识（10分）		
		③分析问题、解决问题的能力（10分）		
合计	（　　）分	等级评定	□A.优秀　□B.良好　□C.合格　□D.有待提高	

[任务二]

商务言谈礼仪

◆ 任务目标

知识目标	①掌握言谈礼仪的礼仪规范和禁忌 ②了解言谈礼仪的内容要点 ③明白言谈礼仪在商务活动中的作用
技能目标	①能按照规范要求进行商务言谈 ②能充分掌握赞美、倾听的技巧进行言谈
素养目标	树立规范得体的言谈礼仪意识

◆ 任务情境

公司举行周年庆，活动助理小王接到任务，要与合作公司的领导进行对接，小王如何才能与合作公司的领导愉快地交谈呢？

◆ 任务学习

作为商务人员，从事很多活动都离不开言谈。开展调查研究，与人促膝谈心，进行公务谈判，接待宾客来访，都需要运用言谈。

一、言谈的常见类型

1.单向与双向言谈

发表讲话，布置工作，进行演讲，都是单向言谈。按照事先准备的讲稿或依照讲话的目的要求，在一定的范围发表讲话，要求说得有条理、有层次，一般是单向灌输，一气呵成，不停顿、不讨论、不交流，把要说的内容说完就结束。询问情况，回答问题，交流看法，进行谈判，会客寒暄，则是双向言谈，需要根据对象、场合和交谈进程，不断调整言谈内容，使交谈不断推进和深入。

2.正式与非正式言谈

在正式场合涉及公务内容的言谈都可看作是正式言谈，它要求言谈庄重、严肃，有些甚至代表国家、政党的立场或机关单位的态度。非正式言谈是指一些非正式场合的言谈，在一些私下场合，会见客人的寒暄，相遇熟人的交谈，同事之间的闲谈，这类言谈可以是自由、轻松和随意的。

3.有声与无声言谈

通过口头语言表达意思的，是有声言谈，包括语气措辞、语速语调等。通过交谈时的动作、表情及距离来传达信息、表达感情，就是无声言谈，包括头部、手部的动作，点头摇头、挥手握拳，都能传达特定的信息。说话时的表情是常见的伴随体语，通过表情表达喜怒哀乐。微笑被认为是人类最美好的语言，是言谈时应该具有的基本表情。眼神也是一种重要体语，目光可以反映心理和情感的变化，传达重要的信息。言谈时还可以通过空间距离反映亲密程度，与亲友、熟人和与一般工作关系的人员交谈的距离就有所区别。

4.直接与间接言谈

与听者在同一场所进行面对面的交谈，是直接言谈。这种言谈要注意谈吐的仪表，也要注意听者的反应。电话交谈则是间接言谈，要注意遵守通话礼仪规范。

二、言谈的礼仪规范

言谈体现一个人的礼仪修养，要遵守一定的礼仪规范。

1.态度端正

公务活动中的言谈，正确的态度应该是热情、诚恳、稳重、平易。热情是言谈的基本要求，冷漠无情、无精打采、有气无力的言谈是没有感染力的，无法收到效果。诚恳是言谈的基本态度，以诚为本，诚心待人，才能取得听者的信任；虚伪做作，华而不实，都是不可取的。言谈还必须稳重，稳重是成熟的表现。只有稳重才能给人安全感，增加可信程度，任何轻佻的语言、表情和动作都应当避免。平易能与交谈对象拉近距离，不能傲慢无礼、狂妄自大、盛气凌人。

2.神情专注

专注是对人的一种尊重。谈话时要精力集中，不能左顾右盼，东张西望，也不能一边说话一边做其他事情，如翻书、看报纸、看电视节目、批阅文件，都是不礼貌的。如果表现出漫不经心、心不在焉，也会影响对方的谈话兴趣，降低交谈的热情。内容适宜，谈话内容要根据交谈的实际情形而定。有明确话题时，谈话内容就要相对集中，不能东拉西扯，不着边际；没有明确话题时，则可以选择一些适当的话题。话题必须是健康有益的、对方感兴趣的、令人愉悦的，不能是一些低级庸俗的、耸人听闻的、荒诞离奇的、令人反感的。公务人员尤其不能说一些议论领导同事、拨弄是非的闲话。

3.表达得体

用最恰当的言语和口吻表达意思，这就是表达得体。不同场合、对象、内容应当有不同的语气措辞和语调声态。是慷慨激昂，还是语调低沉；是慢条斯理，还是加快语速；是措辞严厉，还是用语平和；是直话直说，还是委婉含蓄，都要看具体情形。不管对象和场合，无论谈论什么都是一个腔调，也是不合适的。

三、商务人员言谈大忌

1.忌居高临下

不管你身份多高，资历多深，都应放下架子，平等地与人交谈，切不可给人以"高高在上"之感。

2.忌自我炫耀

交谈中，不要炫耀自己的长处、成绩，更不要或明或暗、拐弯抹角地为自己吹嘘，以免使人反感。

3.忌口若悬河

当对方对你所谈的内容不懂或不感兴趣时，不要不顾对方的情绪，自己始终口若悬河。

4.忌随意插嘴

要让人把话说完，不要轻易打断别人的话。

5.忌节外生枝

要扣紧话题，不要节外生枝。如果大家正在兴致勃勃地谈论音乐，你突然把足球赛塞进来，显然不合时宜。

6.忌搔首弄姿

与人交谈时，姿态要自然得体，手势要恰如其分；切不可指指点点，挤眉弄眼，更不要挖鼻掏耳，给人以轻浮或缺乏教养的印象。

7.忌心不在焉

当听别人讲话时，思想要集中，不要左顾右盼，或面带倦容、连打呵欠，或神情木然、毫无表情，让人觉得扫兴。

8.忌挖苦嘲弄

别人在谈话时出现了错误或不妥，不应嘲笑，特别是在人多的场合尤其不可如此，否则会伤害对方的自尊心。不要对交谈以外的人说长道短，这不仅有损别人，也有害自己，因为谈话者从此会警惕你在背后说他的坏话。更不能把别人的生理缺陷当作笑料，无视他人的人格。

9.忌言不由衷

对不同看法要坦诚地说出来，不要一味附和，也不要胡乱赞美、恭维别人，否则会令人觉得你不真诚。

10.忌故弄玄虚

本来是习以为常的事，切莫有意"加工"得神乎其神，语调时惊时惶、时断时续，或卖关子、玩深沉，让人捉摸不透。如此故弄玄虚是很让人反感的。

11.忌冷暖不均

当几个人一起交谈时，切莫按自己的喜恶，更不要按他人的身份区别对待，热衷于与某些人交谈而冷落其他人。不公平的交谈是不会令人愉快的。

12.忌短话长谈

切不可泡在谈话中，鸡毛蒜皮地"掘"话题，浪费大家的宝贵时光；要适可而止，说完就走，提高谈话的效率。

四、言谈的技巧

在商务交往中，言谈礼仪要掌握以下技巧：

1.言语交际的基本要求

①态度谦虚诚恳；②表情亲切自然；③语调平和沉稳；④语言准确规范。

2.宜选的话题

①格调高雅；②轻松愉快；③时尚流行；④对方擅长。

3.谈话的艺术

①音量适中，语言规范，表达准确；②声音放低，语速适中；③神情专注，少说多听，不打断、补充、纠正、质疑对方。

五、赞美的艺术

与人交往时，赞美对方是对对方的认可与肯定，这样在日常交往中对方会感受到相处的愉快，收获好人缘。

1.赞美的原则

（1）赞美要真诚

不要用贬低自己来恭维他人。赞美时要面带微笑，正视对方，眼神交流。

（2）赞美要精确

相比于"你今天看起来不错"，"这款项链非常适合你"更有效果。赞美越精确越有效，因为它会使人们觉得你很重视他们。

（3）赞美要有依据

别停留在"这款项链非常适合你"这样的层面上，讲明你为什么这样想，你的赞美会更有力。例如："这款项链非常适合你，它跟你的气质很般配呢！"

（4）赞美后提个问题

如果你想以赞美开始一段谈话，提个关于赞美东西的问题吧："这款项链非常适合你，它跟你的气质很般配呢！你在哪里买的？"

（5）贯穿始终，随时赞美

接触后立刻赞美能拉近距离，签约之前、签约被拒绝后都应该赞美，签约后更要赞美。

2.赞美的技巧

（1）赞美要具体化

赞美别人一定要适当，不要一味夸赞，要注意把夸赞具体化。例如，小李本月的业绩做得很好，我们在夸赞时可以说："小李真是个勤奋忠实的年轻人，他在本月业绩排名第三，希望本公司其他员工多像小李学习。"

（2）从否定到肯定的评价

其用法一般是这样的："我很少佩服别人，你是个例外。""我一生只佩服两个人，一个是某某某，一个是你。"

（3）见到或听到别人引以为傲的事，一定要停下所有的事情去赞美

如果一个人给你看了他小孩的相片，那么你一定要夸小孩，假设你无声地将头转回去而没有称赞，别人会很不高兴。

（4）主动同别人打招呼

打招呼背后的含义是我眼中有你。

（5）适度指出别的变化

其意义是让对方知道你在我心目中很重要，我很在乎你的变化。

六、倾听的技巧

倾听属于有效沟通的必要部分，以求思想达成一致和感情的通畅。狭义的倾听是指凭借听觉器官接受言语信息，进而通过思维活动达到认知、理解的全过程；广义的倾听包括文字交流等方式。其主体是倾听者，而倾诉的主体是诉说者。倾听者作为真挚的朋友或者辅导者，要虚心、耐心、诚心和善意地为诉说者排忧解难。

1.头（点头）

顾客跟你见面之后，他首先不是想听你的销售内容，而是观察你的一言一行。根据观察结果，再决定要不要仔细听你说话。当你点头微笑时，代表"我很仔细在听你说话"，这个时候顾客会因此而感到满足而喜欢你，所以才会愿意听你说话。如果你在讲话时听众完全不点头，那么说话者心里就会感到不安，话题顶多持续20秒就说不下去了。当点头的次数越来越多，会让对方感到安心，愿意说话的时间也会比较长。

2.口（附和）

点头是让资讯从眼睛传入，附和是让资讯从耳朵传入，传入一个什么讯息呢？传入"我很仔细在听你讲话"的讯息。

附和要传达一个惊讶的效果，就是对对方所说的话要表示惊讶，表示非常感兴趣，表示非常重视的态度。比如："喔！原来如此！""是这样子呀！""真是太厉害了！"

当你能够仔细地听顾客说话并做出随声附和的时候，顾客就会觉得你很重视他，就会对你印象很好，于是接下来愿意听你销售内容的概率就会大幅度提高。

3.眼（视觉）

在倾听对方说话时，眼睛具有很大的力量。当眼睛看着对方时，重要的是要表现出"我正在专注倾听你所说的话"的态度。

听对方说话时，精神要集中并保持目光的接触，不要一边做其他的事情，一边听别人说话。尤其不要一边玩手机，一边听别人说话，这是一种很不礼貌也很不重视对方的行为。

4.口（发问）

发问的目的在传达"我有仔细地听你说话"这样一个信息。业务人员必须想出"让对方愿意继续聊下去"的问题。

问题可分为封闭式问题和开放式问题。封闭式问题即回答是或否，这样的交谈难以长时间持续下去。开放式问题会让对方配合提出看法，会比较好持续交谈。因此，业务人员如果能够提出很好的开放式问题，就可以让客户有机会提出更多的说法，让话题很好地扩展下去。

5.手（笔记）

当你在跟别人讲话时没有做笔记，对方就会觉得"这个人真的有在听吗？"当我们没有做笔记时，可能会把重要的信息漏掉，或者记错了讯息。有些人没有带笔记本，于是随手拿一张便笺纸或废纸来写，这样既不专业，对于对方而言也是一种不尊重的行为。做笔记一方面是一种认真听对方说话的肢体动作，另一方面也是防止因沟通不良导致误会产生的一种好方法。做完笔记之后要回顾，也就是听完话做完笔记之后，要重复对方说过的话，确认记录是否正确。回顾也是做个整理，可以让事情顺利地进入下一个阶段。

◆ 任务演练

情境模拟：

活动助理小王所在的公司邀请合作公司的几位贵宾前来参加庆典仪式，安排小王进行对接，小王在对接中与合作公司人员进行了愉快的洽谈。

角色扮演：

学生两人为一组，完成下列内容：

①一人扮演贵宾，一人扮演负责接待的小王，进行非正式的言谈。

②两位同学角色互换，进行正式的商务言谈以及赞美、倾听练习。

检测要点：

考查学生对言谈、赞美、倾听技巧的掌握程度：

①能按照言谈的规范和技巧，与宾客有效地沟通，营造轻松有趣的氛围。

②能掌握赞美的原则，合理避开赞美禁忌。

③能在倾听中注重头、眼、口、手的配合。

◆ 任务评价

序号	评价要点		得分/分	总评
1	知识（30分）	①了解言谈礼仪的规范（10分）		A（86~100分） B（76~85分） C（60~75分） D（60分以下）
		②掌握言谈、赞美、倾听的相关要求（20分）		
2	技能（40分）	通过情境模拟、角色扮演的方式，理论结合实际，能够正确、规范地运用言谈礼仪（40分）		
3	素养（30分）	①优良的口才（10分）		
		②优雅的谈吐（10分）		
		③随机应变的能力（10分）		
合计	（　　　）分	等级评定 □A.优秀　□B.良好　□C.合格　□D.有待提高		

活动园地

新创新传媒公司将举行一年一度的年终盛典，小王担任此次活动的助理，他将协助活动经理李总进行本次盛典的活动统筹安排，请同学们以班级为单位，一起进行活动模拟实操。

项目五
商务宴请礼仪

【项目情境】

某公司要举办10周年庆，拟邀请50个企业的领导参加庆典并共进晚宴，总经理把整个庆典的设计和规划都交给了琳达，琳达急得焦头烂额。

想一想

琳达需要做哪些准备？

[任务一]

中式宴请礼仪

◆ 任务目标

知识目标	①掌握中餐赴宴礼仪、桌次和座次礼仪、餐具使用礼仪 ②了解中式宴会分类
技能目标	①能安排好商务客人的桌次、座次 ②能完成宴请前的准备工作及邀请
素养目标	树立规范得体的宴请礼仪意识

◆ 任务情境

琳达和公司领导一起接待了一位外商。这位外商是美国人,他来公司进行投资考察。考察进行得比较顺利,双方达成了初步的合作意向。今天公司设宴款待该外商,宴会的菜肴很丰盛,主客双方交谈得比较愉快。这时席间上了一道特色菜,为表示热情,琳达便为这位外商夹菜放到他的碟子里。这位外商当即露出不悦的神色,也不再继续用餐,双方都很尴尬。琳达的做法有哪些不妥呢?

◆ 任务学习

一、中式宴会分类

中式宴会是中国传统的聚餐形式,宴会遵循中国的饮食习惯,以饮中国酒、吃中国菜、用中国餐具、行中国传统礼仪为主。

1.国宴

国宴是指国家元首或政府为招待国宾、其他贵宾或在重要节日为招待各界人士而举行的正式宴会。宴会厅内悬挂国旗，设乐队，奏国歌，席间致辞，菜单和席卡上印有国徽。宴会的规格最高，盛大隆重，礼仪严格。

2.正式宴会

正式宴会通常是指政府或团体等有关部门为欢迎应邀来访的宾客或来访宾客为答谢主人而举行的宴会。这种宴会无论是规格还是标准都稍低于国宴，不挂国旗，不演奏国歌。其安排与服务程序大体与国宴相同。

3.便宴

便宴即便餐宴会，用于非正式的宴请。一般规模较小，菜式有多有少，不拘严格的礼仪，随便、亲切，可以排座位不做正式讲话，菜肴数量可多可少，多用于招待熟悉的亲朋好友。

4.家宴

家宴是指在家中以私人名义举行的宴请形式。一般人数较少，不讲究严格的礼仪，菜式多少不限，宾主席间随意交谈、轻松活泼、自由。

二、中式宴请的准备及邀请

1.确定宴请的对象

根据宴请目的，事先确定宴请哪些人、宴请多少人，以及被宴请人的姓名、国籍、职务、称呼、习惯、爱好等，并列出详细的宴请清单，以便确定宴请的规格、形式及主陪人等。

2.确定宴请的形式

根据宴请目的和对象，确定宴请的举办形式，如中式宴请形式、西式宴请形式、自助餐形式等。其中，中式宴请形式在商务社交活动中最常用。

3.确定宴请的时间

根据主客双方的具体情况确定宴请的时间。宴请的时间应避开重大节假日和双方的禁忌日，且便于主客双方出席。需要注意的是，宴请的时间应与客方的主宾协商确定，否则是极其失礼的。

4.确定宴请的地点

根据宴请规格和形式事先确定宴请的地点。宴请的地点应交通便利、环境幽雅、服务周全，宴请的场所应能容纳出席宴会的全体人员。

5.确定菜谱

根据宴请的形式以及被宴请宾客的年龄、性别、风俗习惯、健康状况、喜好和禁忌等确定宴请的菜谱。菜谱中的菜肴应赏心悦目、富有特色并搭配合理。确定宴席菜谱前要了解主宾不能吃什么，要排除个人禁忌和民族禁忌。既要照顾客人口味，又要体现特

色与文化,确定宴席菜单时需要考虑:

①宴请对象的喜好和禁忌。

②开支的标准。

③有冷有热、有荤有素、有主有次。

④营养丰富、味道多样。

⑤略备家常菜以调剂客人口味。

⑥晚宴应比午宴和早宴隆重,菜品应该多一些。

6.邀请宾客

邀请一般有两种形式:一是口头形式,二是书面形式。口头邀请通常是当面或以电话的方式将活动的目的、时间、地点等内容口头告知对方,然后等待对方回复,待对方同意后再来安排活动。书面邀请有请柬和便函两种方式,其中较为普遍的是请柬。请柬一般应注明宴请的主题、形式、时间、地点和主人的姓名、职务。信封角上注明席次号,宴会请柬一般应在宴会开始两三周前发出,特殊情况也要一周前发出。

三、中餐赴宴礼仪

作为应邀参加宴会的客人,按时赴约、举止得当、讲究礼节是对主人的尊重,同时还应注意以下几个问题:

①接受邀请。接到宴请之邀后,客人能否出席均应尽早给对方以明确的答复,以便主人妥善安排。万一临时因故无法应邀出席,须尽早通知对方,深表歉意并做必要的解释。

②按时赴宴。按时出席宴请是礼貌的体现。一般可按规定时间提前或延后不超过5分钟到达,过早、过迟出席都会被视作失礼。

③抵达致意。到达宴请场所后,应主动上前向主人问好致意。可按宴请性质和当地习俗赠送花束或花篮,而后随主人或由迎宾人员引领步入休息厅或宴会厅。

④礼貌入席。了解自己的桌次和座位,按序就座,最好不要随意更换座位。如邻座是年长者或妇女,则应主动为其拉开座椅。

⑤席间交谈。参加任何宴请,切莫始终缄默不语,也不应只同熟人或左右邻座说话。如互不相识,可先自我介绍。席间交谈应多选同桌人共同感兴趣的话题。

⑥文明用餐。用餐坐姿端正、自然,入座后不可随意拨动桌上的餐具。待主人示意后方可进餐。吃相要文雅。热食待凉后再吃,切勿用嘴乱吹。鱼刺、肉骨等应放于骨盘内。口嚼食物时切忌说话。喝汤应借助于勺匙。喝茶或咖啡时,应右手拿杯把,左手端杯碟。剔牙时以用手或口布遮挡为宜,剔过的牙签应折断后放于骨盘内。

⑦祝酒碰杯。主人祝酒致辞时,应停止一切活动,认真聆听,不可做无关的小动作。主人前来碰杯或相互间碰杯时,应目视对方,面带微笑,点头致意。人多时也可同时举杯共祝,不必一一对碰。

⑧致谢辞行。宴请结束后，应有礼貌地主动向主人握手道谢。若因故需提前退席，须向主人说明后方可离去，切莫不辞而别。

四、中餐桌次安排礼仪

在中餐宴会中，一般是按8~12人坐一张圆桌。若出现两桌以上的情况，则依据"面门为上，以近为大，居中为尊，以右为尊"的原则，其他的桌子则依据距离主桌的远近来安排，越近的位次越高，右边的位次高于左边。

由两桌组成的小型宴请桌次安排如下：

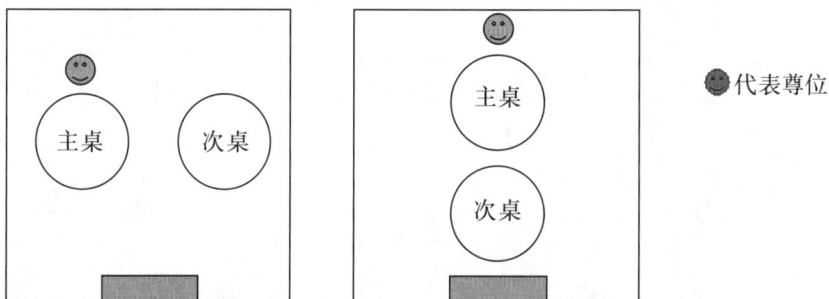

●代表尊位

由三桌或三桌以上组成的宴请。

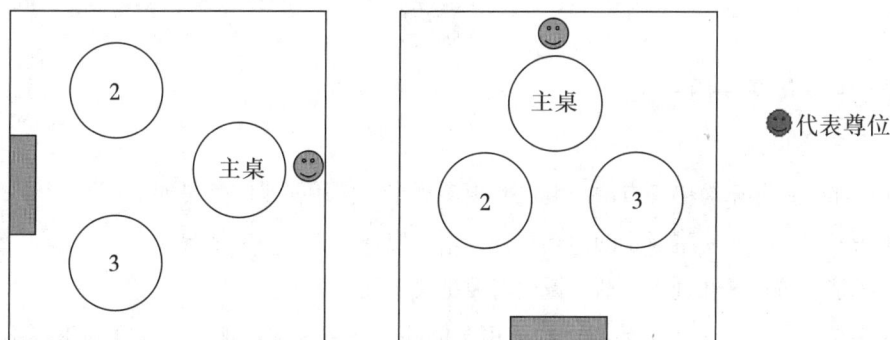

●代表尊位

正式宴会一般都事先安排座次，以便参加宴会者入席时井然有序，同时也是对客人的一种礼貌。非正式宴会不必提前安排座次，但通常就座也要有上下之分。安排座位时应考虑以下几点：

①以主人的席位为中心。如有女主人参加，则以主人和女主人为中心，以靠近主人的席位为上，依次排列。

②把主宾和主宾夫人安排在最尊贵显眼的位置。通常是以右为上，即主人的右手是最重要的位置。离门最远的、面对着门的位置是上座，离门最近的、背对着门的位置是下座。

③主人一方的陪客应尽可能坐在客人之间，以便与客人交谈，避免自己的人坐在一起。

④夫妇一般不相邻而坐。

⑤翻译一般安排在主宾右侧，方便翻译。在遵从礼宾次序的前提下，尽可能使相邻者便于交谈。

⑥多边活动中不应该把关系紧张的双方安排在一起。

■ 代表主方

● 代表客方

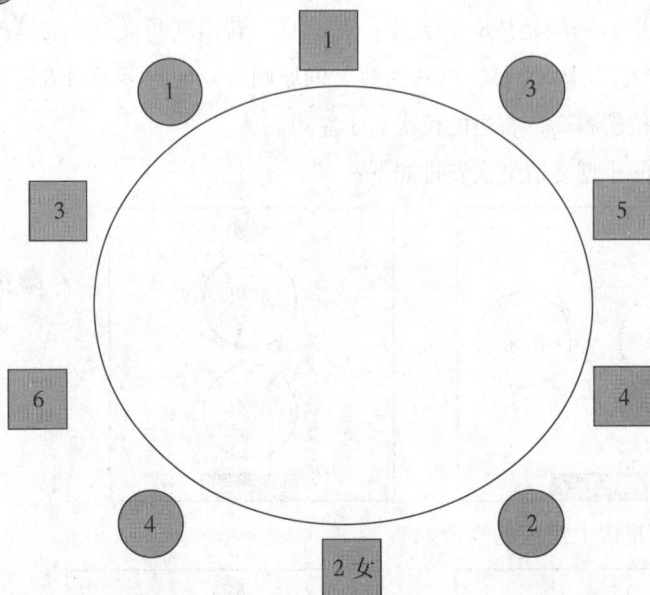

五、中餐餐具使用礼仪

1.筷子的用法

筷子虽然用起来简单、方便，但也有很多规矩。使用筷子的禁忌如下：

①用餐时，一定要将筷子的两端对齐，切忌出现一长一短的情况。

②不能举着筷子和别人说话，说话时要把筷子放到筷架上。

③夹菜时，筷子上不能残留食物，更不能舔食残留食物或把筷子含在嘴里；不能举着筷子犹豫不决地在菜盘上巡探、用筷子在菜盘里翻找挑拣或一次性夹过多的菜；夹菜时不能让菜汁一路滴落；若遇到其他客人夹菜应注意避让。

④用餐过程中进行交谈时，应暂时放下筷子，不能举着筷子在餐桌上挥舞，或拿着筷子迫不及待地去夹菜。

⑤不能把筷子放在碗上。若用餐时需临时离开，应把筷子轻轻放在碗的旁边，切不可插在饭碗里。

⑥不能用筷子敲打碗、盘或茶杯。

⑦不能用个人独用的筷子和汤匙给别人夹菜、舀汤，应用公筷、公勺。

2.碗的用法

①不要端起碗来进食，尤其是不要双手端起碗来进食。

②食用碗内盛放的食物时，应以筷、匙加以辅助，切勿直接下手取用，或不用任何餐具以嘴吸食。

③碗内若有食物剩余时，不可将其直接倒入口中，也不能用舌头伸进去乱舔。

④暂且不用的碗内不宜乱扔东西。

3.餐碟的用法

①餐碟在餐桌上应保持原位，不被挪动，且不宜多个叠放在一起。

②取放的菜肴不要过多，看起来既繁乱不堪，又有欲壑难填之嫌。

③不要将多种菜肴堆放在一起，弄不好它们会彼此相克，相互窜味，不好看也不好吃。

④残渣、骨、刺等不要吐在地上、桌上，不要让残渣与菜肴交错，搞得杯盘狼藉。

4.汤勺的用法

①使用汤勺时要用右手。

②右手执筷同时又执汤勺是最忌讳的。

③用勺子取用食物后，应立即食用，不要把它再次倒回原处。

④若取用的食物过烫，不可用勺将其舀来舀去，也不要用嘴对它吹来吹去。

⑤食用勺里的食物时，尽量不要把勺子塞入口中，或反复吮吸它。

5.水杯的用法

中餐所用的水杯，主要用于盛放清水、汽水、果汁、可乐等软饮料。注意不要用来盛酒，不要倒扣水杯。

6.餐巾的用法

①要等坐在上座的尊者拿起餐巾后，其他人才可以取出餐巾平铺在腿上。

②动作要小，不要像斗牛似的在空中抖开。

③餐巾常常是叠起来使用，不要将餐巾别在衣领上或背心上。

④餐巾的主要作用是防止食物落在衣服上，所以只能用餐巾的一角来印一印嘴唇，不能拿整块餐巾擦脸、擤鼻涕，也不要用餐巾来擦餐具。

⑤如果你是暂时离开座位，请将餐巾叠放在椅背或椅子扶手上。

⑥用完餐，将餐巾折叠放在桌子上，不要揉成一团"弃"在那儿。

7.水盂的用法

在水盂里洗手时的礼貌做法是先轮流沾湿两手的指尖，然后轻轻清洗双手，切勿乱甩、乱抖。洗完后将手置于餐桌之下用餐巾或湿巾擦干。

◆ 任务演练

情境模拟：

琳达所在公司年底为表示对客户的谢意，召开了客户联谊会，会后共进晚餐。负责接待工作的秘书琳达根据上司的指示和宴会惯例，安排桌次座位。这次宴会共设3桌（圆桌），摆成三角形，突出主桌。重要客户安排在主桌。为方便来宾入席，琳达特意做了座位名签。

学生两人为一组，完成下列内容：

①一人扮演贵宾李先生，一人扮演琳达负责电话邀请合作公司李先生就餐。

②两位同学角色互换，扮演负责接待的琳达为贵宾安排座位。

检测要点：

考查学生对邀请客人就餐时的语言及客人就餐时的桌次、座次安排礼仪的掌握程度：

①能按照规范的邀请方式将宴请的目的、时间、地点等内容口头告知宾客。

②能按照桌次、座次的安排礼仪为李先生安排座位。

◆ 任务评价

序号		评价要点	得分/分	总评
1	知识（30分）	①了解宴请礼仪的基本知识（10分）		A（86~100分） B（76~85分） C（60~75分） D（60分以下）
		②掌握邀请方式、常见桌次和座次安排礼仪（20分）		
2	技能（40分）	通过情境模拟、角色扮演的方式，理论结合实际，能够正确、规范地运用宴请礼仪（40分）		
3	素养（30分）	①良好的沟通能力、交流能力（10分）		
		②团队协作精神（10分）		
		③分析问题、解决问题的能力（10分）		
合计	（　　）分	等级评定　□A.优秀　□B.良好　□C.合格　□D.有待提高		

[任务二]

NO.2

西式宴请礼仪

◆ 任务目标

知识目标	①掌握西餐的用餐 ②掌握西餐菜肴与酒水的搭配规律 ③了解西餐就餐时的言谈、举止
技能目标	①能正确使用西餐餐具 ②能根据客人所点的菜肴推荐适合的酒水
素养目标	树立规范得体的西餐用餐礼仪意识

◆ 任务情境

赵雯是大四的学生，目前在一家外贸公司的财务部实习。公司举办了大型的西式自助餐会，邀请了公司的全体员工和不少国外客户参加。因为很少吃西餐，赵雯在餐会上出了不少洋相。餐会一开始，赵雯端起面前的盘子去取菜，之后却发现那是装食物残渣的盘子；为节省取食的时间，赵雯从离自己最近的水果沙拉开始吃，而此时同事们都在吃冷菜，赵雯只得开玩笑地说自己正在减肥；因为刀叉位置放得不正确，她面前还没吃完的菜被服务员给收走了……一顿饭吃下来，赵雯浑身不自在。赵雯在就餐过程中有什么问题？

◆ 任务学习

一、西餐用餐礼仪

在西式宴会中，对用餐者的个人言行举止都有严格的要求，用餐者必须做到举止优雅。

1.服装

在吃西餐时，特别是在赴宴时，西方人非常讲究个人的穿着打扮。根据用餐规模、档次的不同，用餐时的衣着也不尽相同，有礼服、正装、便装之分。

（1）礼服

西式的礼服，男装为黑色燕尾服，扎领结；女装则为拖地袒胸长裙，并配长筒薄纱手套。其他国家的人士，可以穿着本民族的盛装，如我国的中山装、旗袍代替西式礼服。在隆重的宴会上，往往要求穿礼服。

（2）正装

在普通的宴会上，通常要求穿正装。正装指的是深色，特别是黑色或藏蓝色的套装或套裙。要注意男装不要色彩过淡、过艳，女装则切勿过短、过小。

（3）便装

在一般性的聚餐时，可以穿便装。这里所谓的便装，是有严格界定的。男士可穿浅色西装套装，或仅穿西装上衣；女士则可以穿时装，或是以长西裤代替裙装，但绝对不能随心所欲地选择服装。

不管穿什么服装，在用餐时都不允许当众整理衣饰，如不准脱外套、换衣服、松领带、解腰带、拉袜子、脱鞋子等。

2.女士优先

女士优先是西餐礼仪的特点之一，从进入餐厅开始，贯穿用餐全过程，注重对女士的尊重，始终坚持女士优先，如进门、拉椅、递菜单、酒水服务、点菜、上菜等。

（1）礼待女主人

在西餐宴请活动中，女主人往往处于第一顺位。具体表现在女主人要坐主位，由女主人宣布用餐开始或结束等。用西餐时，让女主人忙里忙外、到处张罗，甚至难以入席的情况是绝对见不到的。

（2）照顾女宾客

在吃西餐时，男士有扮演护花使者的义务，要处处积极、主动地为女士服务。在用餐之前，要帮助女士存外套或寻位就座。在用餐期间，要帮助女士取菜、拿调味品，并陪其交谈。

3.语言

与中国"食不言、寝不语"的习惯相反，西餐餐桌上应和别人轻松自由地交谈。说话时嘴里不嚼食物，通常说话前或喝酒前要用餐巾擦一下嘴。在品尝美食时，商务人士要进行适当的交际活动，这也是西餐宴会的目的。在进餐之前，应尽可能与周围的人相互问候、介绍和交流，以联络感情或认识新朋友，切勿沉默不语。西餐宴会的主旨，就是促进人们的社交活动。

（1）宾主交际

应邀赴宴时，不要忘记抽空向主人致意，并且找一个时机与其叙旧，联络感情，不要吃完就走。

（2）来宾交际

在用餐时，中餐礼仪不提倡多讲话，西餐礼仪却要求人们非谈几句不可。不仅要与老朋友寒暄，还要借机多交一些新朋友。不要只吃不说，或是只找老朋友或年轻貌美的异性交谈，而对其他人不置一词。与周围之人都交谈上几句才比较理智。

4.入座礼仪

西餐座位的排列遵循以下原则：

①女士优先。一般以女主人为第一主人，在主位就位。而男主人则为第二主人，坐在第二主人的位置上。

②距离定位。距主位近的位置要高于距主位远的位置。

③以右为尊。

④面向门为上。

⑤相间而坐。

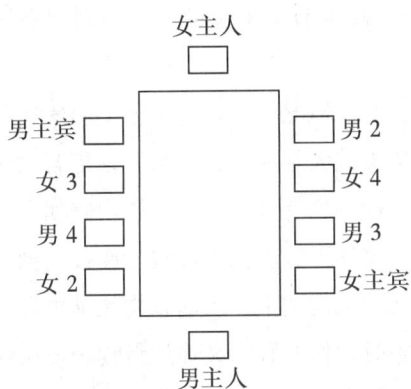

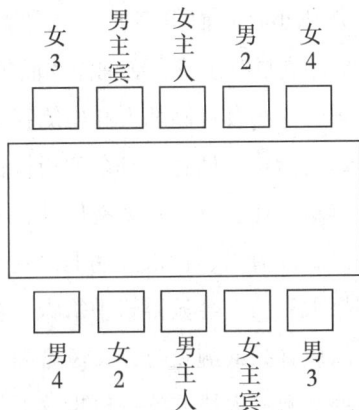

5.进食礼仪

①进食噤声。用餐之际，不论有意还是无意，吃东西还是喝东西，都绝对不要发出声来，更不要搞得铿锵作响。西方人认为，唯独缺乏教养者，才会在进食时出声作响。

②防止异响。除用餐外，任何声响，不管是咳嗽、打喷嚏，还是打嗝，都应自觉控制，不要当众出丑。在就座、用餐时，也不要把座椅、餐桌、餐具弄出怪异之声来。

③慎用餐具。在用餐时，务必要正确使用各种餐具，不懂可以现场观摩他人，尤其是女主人的做法，不要贻笑大方。不要把餐具用作他用，尤其是不要以之相互敲击，或指点别人。

④正襟危坐。保持上身端正，微前倾，一般不靠椅背，以示对来宾和主人的尊重。取用较远的东西，应请别人递过来，不要离座伸手去拿。当主人邀请入座时，在场的人员应按礼仪顺序入座。一般情况下的入座顺序为女士、职位高者、长辈先入座，男士、职位低者、晚辈后入座。当女士入座时，男士通常应走上前去将她们的坐椅稍向后搬，待其将要坐下时，再将椅子稍向前推。

⑤吃相干净。在用餐时，要维护环境卫生，并注意个人卫生，不要吃得自己"四处开花"。

6.西餐餐具的使用礼仪

用刀、叉进餐是西餐的重要特征之一。除此之外，西餐的主要餐具还有餐匙和餐巾，用法也有特殊之处。至于西餐桌上的盘、碟、杯、水、牙签等餐具，其基本用法和中餐相似。

（1）刀叉的使用

宴席上最正确的拿刀姿势是右手拿刀，手握住刀柄，拇指按着柄侧，食指压在柄背上。不要把食指伸到刀背上，除了用大力才能切断的食物，或刀太钝以外，食指都不能伸到刀背上。不要伸直小指拿刀，有的女性以为这种姿势才优雅，其实这是错误的。刀是用来切割食物的，不要用刀挑起食物往嘴里送。如果用餐时有三种不同规格的餐刀同时出现，正确的用法如下：带小锯齿的那一把用来切肉制食品；中等大小的用来将大片的蔬菜切成小片；而小巧的、刀尖是圆头的、顶部有些上翘的小刀，则用来切开小面包，然后用它挑些果酱、奶油涂在面包上面。

叉子的拿法有背侧朝上和内侧朝上两种，要视情况而定。背侧朝上的拿法和拿餐刀一样，以食指压住柄背，其余四指握柄，食指尖端大致在柄的根部。食指若太靠前，外观不好看；太往后，又不太能使劲，硬的食物就不容易叉进去。叉子内侧朝上时，则如铅笔拿法，以拇指、食指按柄上，其余三指支撑柄下方。拇指和食指要按在柄的中央位置，如果太靠前，会显得笨手笨脚。左手拿叉，叉齿朝下，叉起食物往嘴里送，如果吃面条类软质食品或豌豆时，叉齿可朝上。用餐时动作要轻，叉住适量食物一次性放入口中，不要叉起一大块，咬一口再放下，这样很不雅观。叉子叉住食物入口时，牙齿只需碰到食物，不要咬叉，也不要让刀叉在嘴里或盘中发出声响。

使用刀叉时，应从外侧向内侧取用，左手拿叉，叉齿向下，右手拿刀，刀刃向下。切割食物时，拿叉按住食物，用刀切成小块，被切成小块的食物应刚好适合一次性放入口中；双肘要下沉，不要左右开弓，更不要弄出声响。在用餐途中需要休息时，可使叉在左、刀在右，叉齿向下，刀刃向内，二者成八字形摆在餐盘中央，以表示用餐未完。用餐完毕，可将刀叉平行放在餐盘的同一侧。

用餐未完

用餐完毕

（2）餐匙的使用

在正式场合下，餐匙有多种尺寸。小的餐匙是用于咖啡和甜点；扁平的餐匙用于涂黄油和分食蛋糕；比较大的餐匙用来喝汤或盛碎小食物；最大的是公匙，用于分食汤，常见于自助餐。汤匙和点心匙除了喝汤、吃甜品外，绝不能直接舀取其他主食或菜品。进餐时不可将整个餐匙全部放入口中，应只以其前端入口。餐匙使用后，不要再放回原处，也不要将其插入菜肴或直立于餐具中。

（3）餐巾的使用

餐巾放在餐盘的正中或叉子的旁边。大家坐下后，可以将餐巾放在胸前下摆处，不要将餐巾扎在衬衣或皮带里。餐巾可以平铺到自己并拢的大腿上，如果是正方形的餐巾，应将它折成等腰三角形，直角朝向膝盖方向；如果是长方形餐巾，应将其对折，然后折口向外平铺在腿上。餐巾的打开和折放应在桌下悄然进行，不要影响他人。餐巾有保洁作用，防止菜肴、汤汁落下来弄脏衣服；也可以用来擦嘴，通常用内侧，但不能用其擦脸、擦汗、擦餐具；还可以用来遮掩口部，在需要剔牙或吐出嘴中的东西时，可用餐巾遮掩，以免失态。如果餐巾掉在地上，应另换一张，然后将地上的捡起来。

用餐期间暂时离席时，应将餐巾放在自己的座位上，以示稍后会继续用餐，切勿把餐巾揉成一团挂在椅背上或放在餐桌上。用餐结束后，可将餐巾放在餐桌上，以示停止用餐。

 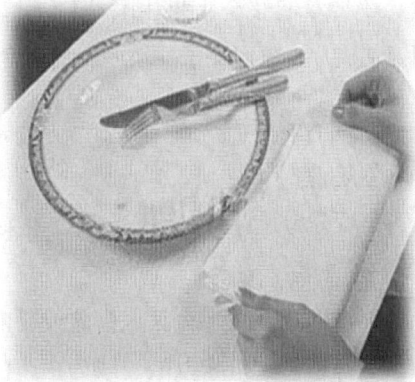

暂时离席　　　　　　　　　　　　　　停止用餐

7.西餐进食方法

（1）肉类的吃法

吃肉时，应使用叉子将肉按住，用刀从肉的左侧开始，将其切成小块，边切边吃。切肉时不宜发出声响，也不宜一次性将肉全部切成小块。

（2）鱼类的吃法

吃全鱼时，宜先使用刀叉将鱼的头、尾、鳍切除，再吃鱼肉；应从左到右边切边吃，切勿翻动鱼身；吃完鱼肉的上层后，用刀叉剔掉鱼骨，再吃下层；若口中有鱼骨或鱼刺，可用手从合拢的唇间取出放在盘中。

（3）汤的喝法

正确姿势：左手扶住盘沿，右手持汤匙由汤盘内侧向外侧将汤舀起送到嘴边，身体略微前倾，将汤喝入。喝汤时不可发出声响，也不可频率过快；如果汤太烫，则应待其自然降温后再喝，切勿用嘴将其吹凉；当盘中的汤不多时，可用手将盘略微倾斜后，再用汤匙取汤饮用，切勿端盘喝汤。

（4）面包的吃法

吃烤面包时，可用左手拿面包，用右手把其撕成小块，涂上奶油后再吃；吃硬面包时，可先用刀将其切成两半，再用手撕成小块来吃。无论是哪种面包，都不可一整块拿着吃，也不可用其蘸汤吃。

（5）酒的喝法

喝酒前，应先轻轻摇动酒杯，闻一闻酒的醇香，然后倾斜酒杯小口地喝；喝酒时，应避免边喝边透过酒杯看人，边吃食物边喝酒，或者拿着酒杯边说话边喝酒；举杯庆祝，应由男主人提议，不可由客人提议；敬酒时，可按照先敬职位高者后敬职位低者的顺序进行，也可按照顺时针的方向先近后远地进行；当他人为自己斟酒时，若不能再喝，可用手稍盖酒杯，以表谢绝；宾主双方均应量力而行，不要劝酒。

（6）水果的吃法

吃苹果、梨之类的水果甜点时，应先用刀将其切成4~6片，然后去皮与核，再用叉子取食，不要拿起整个水果用嘴一口一口咬着吃；吃香蕉时，应先将其剥皮后放在盘中，用刀切成片，再用叉子一块一块地取食，不要整根拿着吃。

二、西餐菜肴与酒水

1.西餐菜肴

西餐菜肴分为开胃菜、汤、副菜、主菜、蔬菜类菜肴、点心、甜品、饮料等。

（1）开胃菜

开胃菜也称开胃品、头盘、头盆或餐前小食品，是西餐的第一道菜。数量较少，质量较高，装饰精美，口味以酸、咸为主，清新爽口，色泽鲜艳，具有开胃和刺激食欲的作用。一般有冷头盘和热头盘之分，常见的品种有鱼子酱、鹅肝酱、熏鲑鱼、鸡尾杯、奶油鸡酥盒等。

（2）汤

通常西餐的第二道菜就是汤，口感芬芳浓郁，具有极好的开胃作用。品种有牛尾清汤、各式奶油汤、海鲜汤、意式蔬菜汤等。

（3）副菜

水产类菜肴一般作为西餐的第三道菜，也称副菜。品种包括由嫩煎、炸、扒和水煮等方法制作的各种淡水鱼、海水鱼、贝类及软体动物等。常配各种蔬菜、土豆条、米饭或意大利面。常用的调味汁有他他汁、荷兰汁、酒店汁、白奶油汁、大主教汁、美国汁和水手汁等。除了水产类菜肴，蛋类、面包类、酥盒菜肴均可称为副菜。

（4）主菜

肉禽类菜肴通常作为西餐的第四道菜，也称主菜。肉类菜肴的原料取自牛、羊、猪等家畜各个部位，常加工成厚片状的肉排，最有代表性的是牛排，按其部位可分为西冷牛排、菲利牛排、T骨牛排等。常用的烹调方法有扒、煎、烤、煮、焖等，常用的调味汁有浓烧汁、黑胡椒汁、蘑菇汁、白尼斯汁等。主菜通常有冷有热，但以热菜为主。在正式的西餐宴会中，主菜除了肉类菜肴，还有禽类菜肴，一般是鸡、鸭、鹅等。

（5）蔬菜类菜肴

蔬菜类菜肴可安排在肉类菜肴之后，也可和肉类菜肴同时上桌，所以可以算作一道菜或称为配菜。蔬菜类菜肴在西餐中称为沙拉。和主菜同时上到桌上的沙拉，称为生蔬菜沙拉，一般用生菜、西红柿、黄瓜、芦笋等制作。沙拉的主要调味汁有醋油汁、法国汁、千岛汁、奶酪沙拉汁等。还有一些蔬菜是熟菜，如花椰菜、煮菠菜、炸土豆条。熟食的蔬菜通常和主菜的肉禽类菜肴一同摆放在餐盘中上桌，作为配菜。

（6）甜品

西餐的甜品是指主菜后食用的食物，如泡芙、布丁、蛋糕、舒芙蕾、慕斯、油酥糕点、冰淇淋、奶酪、水果以及综合式的点心。人们选择甜点时习惯上有两个原则：当主菜丰富或油腻时选择味道较清淡的甜点，如以水果组成的各种甜点、奶酪、冰淇淋等；当主菜较清淡时，选择味道较浓郁的甜点，如蛋糕、派等。

（7）咖啡和茶

西餐上的最后一道是饮料，咖啡或茶。喝咖啡一般要加糖和淡奶油，茶一般要加香桃片和糖。

2.西餐酒水

在正式的西餐宴会里，酒水是重要角色，必须与菜肴相搭配。吃西餐时，每道不同的菜肴要配不同的酒水，吃一道菜便要换上一种新的酒水。西餐宴会中所用的酒水，可分为餐前酒、佐餐酒、甜食酒、餐后甜酒。

（1）餐前酒

餐前酒也称开胃酒，是指在餐前饮用，喝了以后能够刺激人的味觉，使人增加食欲的饮料，通常用药材浸制而成。

（2）佐餐酒

佐餐酒也称葡萄酒，是西餐配餐的主要酒类。佐餐酒包括红葡萄酒、白葡萄酒、玫瑰红葡萄酒和汽酒。外国人用餐时一般只喝佐餐酒不喝其他酒。

（3）甜食酒

甜食酒一般是在吃甜食时饮用的酒品，口味较甜，常以葡萄酒为基酒加葡萄蒸馏酒配制而成。

（4）餐后甜酒

餐后甜酒也称利口酒，是用餐结束后饮用的，是含糖分较多的酒，人喝了以后有帮助消化的作用。这类酒有多种口味，原料有两类：果料类和植物类。果料类包括水果、果仁等；植物类包括药草、香料植物等。制作时用烈性酒加入各种配料和糖配置而成。

3.西餐菜肴与酒水的搭配

西餐对酒水的要求很高。在食用西餐时，不同的酒水会有不同的菜肴，每道酒水对应每道菜肴，通常菜肴与酒水的搭配规则如下：

菜肴	酒水
（餐前酒）	开胃酒选用鸡尾酒、味美思酒、比特酒或雪利酒等
头盘 （开胃菜）	选用低度、干型的白葡萄酒，如德国摩泽尔的白葡萄酒、法国阿尔萨斯的白葡萄酒和法国勃艮第的白葡萄酒
汤类	一般不配酒水，但可配较深色的雪利或玛德拉酒等加强型葡萄酒
色拉	选用干白葡萄酒、玫瑰红葡萄酒或低度干红葡萄酒
主菜	①海鲜类选用酒精度12°~14°无甜味的干白葡萄酒 ②鱼肉、鸭肉和鸡肉等白色肉类最好选用酒精度不太高的红葡萄酒 ③牛肉、羊肉和猪肉等红色肉类最好选用酒精度较高（13°以上）的红葡萄酒
奶酪类及甜食	①奶酪类选用甜味葡萄酒，也可继续使用主菜的酒 ②甜食选用甜葡萄酒或葡萄汽酒，如香槟酒、德国莱茵葡萄酒、法国格拉夫斯葡萄酒
餐后酒	选用甜食酒、白兰地、利口酒或鸡尾酒等

色香味淡雅的酒品应与色调冷、香气雅、口味纯的菜肴相结合；香味浓郁的酒应与色调热、香气浓、口味杂的菜肴相结合；鱼类配白葡萄酒、肉类配红葡萄酒；香槟酒和玫瑰红葡萄酒可以配任何菜肴。

◆ 任务演练

情境模拟：

刚毕业的赵雯与公司领导一同在西餐厅宴请法国客人马特，三人点的主菜是牛排，此时对餐具使用礼仪不熟悉和酒水搭配规则不了解的赵雯十分紧张。

角色扮演：

学生三人为一组，完成下列内容：

①一人扮演客人马特，一人扮演公司领导，一人扮演赵雯练习餐具使用礼仪，并在用餐完毕后将刀叉合理摆放。

②当服务员询问配什么酒水时，由于领导正在和马特交流，就让赵雯决定。如果你是赵雯，你将如何点酒？

检测要点：

考查学生对餐具使用礼仪及菜肴与酒水搭配规则的掌握程度：

①能正确使用刀叉并在用餐完毕后正确摆放。

②能结合主菜牛排推荐适合的酒水。

◆ 任务评价

序号		评价要点	得分/分	总评
1	知识（30分）	①了解西餐用餐时的礼仪（10分）		A（86~100分） B（76~85分） C（60~75分） D（60分以下）
		②掌握西餐菜肴与酒水的搭配规则（20分）		
2	技能（40分）	通过情境模拟、角色扮演的方式，理论结合实际，能够正确、规范地运用西餐餐具礼仪（40分）		
3	素养（30分）	①良好的沟通交流能力（10分）		
		②团队协作精神（10分）		
		③分析问题、解决问题的能力（10分）		
合计	（　　）分	等级评定　□A.优秀　□B.良好　□C.合格　□D.有待提高		

活动园地

　　张先生参加西餐宴会，在宴会开始后，他为了吃得畅快，先是在座位上脱掉了西装外套，后来又摘下了领带。在用餐的过程中，他一边嚼东西一边与身旁的人说话，手中的勺子还在空中不断挥舞，时不时地劝周围客人喝酒。在就餐马上结束时，他发觉有东西塞牙了，直接用手抠牙齿，手上沾满了口水，之后竟然用抠过牙的手直接抓水果吃。

　　请指出张先生用餐时的不当之处。

HUODONG YUANDI

项目六
特定商务场合的礼仪

【项目情境】

某游戏软件公司欲招聘三名软件开发人员，通过笔试和上机操作考试，有四人成绩优秀，某职业学校的小张就是其中之一。面试当天小张才知道另外三人中有两人是名牌高校的本科生，还有一名是研究生，于是小张在心里就感觉低人一等。面对考官的提问，小张明明知道答案也不敢抢先回答，害怕答错被人嘲笑。即使偶尔回答问题也是抬头看一眼考官便迅速低下头，脸涨得通红，还不时偷看其他三位应聘者的反应。最终他被淘汰了。

想一想

如果你是小张，你该如何做？

[任务一]

求职面试礼仪

◆ 任务目标

知识目标	①掌握面试准备的要点 ②熟悉并掌握面试过程中的具体礼仪规范
技能目标	能在求职活动中自如地展示自我形象
素养目标	树立规范得体的交往礼仪意识，展示个人修养与魅力

◆ 任务情境

方芳是电子商务专业毕业生，明天将到兴盛商务公司面试客服工作人员，她该做怎样的准备？她在面试过程中应注意哪些问题？

◆ 任务学习

一、面试准备阶段

1.仪表

一个人的样貌举止是推荐自我的资本。求职者的形象给面试官的印象好坏，常常关系到求职的成败。人的五官相貌虽然难以改变，但通过穿着打扮、风度气质、举止谈吐等可以改变给他人的第一印象。得体的打扮有助于树立自身良好的形象，增强自信心，同时还能体现出良好的素养。

在面试之前，除了要做好面试所需要的各项准备，还应该花5分钟时间对自己的仪表进行检查，保持良好的仪表，可使自己的心情放松、充满信心，也可使其他人感到舒畅。

（1）女士的基本仪表

①面试时，对发型总的要求是端庄、文雅、自然，避免太前卫、太另类的发型，同时还应与所要申请的职位要求相符。比如，秘书要端庄、文雅，营销人员要干练，与机器打交道则要求短发或盘发。一些长发披肩的女生要注意，在面试时，头发切忌遮住脸庞，除非是为了掩饰某种生理缺陷，否则会让主考官对你印象模糊。

②化淡妆，面带微笑，如果喷香水，应该用香型清新、淡雅的。

③口腔和牙齿清洁，无食品残留物。

④指甲不宜过长，并保持清洁；若涂指甲油，须选择自然色。

⑤着正规套装，大方、得体；若穿裙子，长度要适宜。

⑥肤色丝袜，无破洞。

⑦鞋子光亮、清洁。

⑧全身服饰三种颜色以内。

（2）男士的基本仪表

①男士的发型以短发为主，清洁、整齐；前不覆额，侧不遮耳，后不及领。

②精神饱满，面带微笑。

③每天刮胡须，饭后洁牙。

④短指甲，保持清洁，定期修剪。

⑤领带紧贴领口，系得美观大方。

⑥西装平整、清洁；西裤平整，有裤线。

⑦西装口袋不放物品。

⑧白色或单色衬衫，领口、袖口无污迹。

⑨皮鞋光亮，深色袜子。

⑩全身服饰的颜色不超过三种。

2.服饰

面试时一定要注意，恰当的着装能够弥补自身条件的不足，树立起自己的独特气质，使你脱颖而出。

（1）女士的服饰

①面试时的着装要简洁、大方、合体。职业套装是最简单，也是最合适的选择。

②裙子不宜太长，这样显得不利落，但是也不宜穿得太短。

③低胸、紧身的服装，过分时髦和暴露的服装都不适合面试时穿。

④春秋的套装可用呢料等较厚实的面料，夏季用真丝等轻薄的面料。衣服的质地不要太薄、太透，薄和透有不踏实、不庄重的感觉。

⑤色彩要表现出青春、典雅的格调，用颜色表现你的品位和气质，不宜穿抢眼的颜色。

⑥丝袜一定要穿，以透明的近似肤色的颜色为宜，要随时检查是否有脱线和破损。

⑦穿样式简单、没有过多装饰的皮鞋，后跟不宜太高，颜色和套装的颜色一致，如果你不知道如何配色，最简单的办法就是穿黑色的皮鞋。在面试时不宜穿凉鞋。

⑧如果习惯随身携带包，那么包不要太大，款式可多样，颜色要和服装的颜色相搭配。

⑨佩戴饰物应注意和服装的整体搭配，最好以简单朴素为主。

（2）男士的服饰

①春、秋、冬季，男士面试最好穿正式的西装。夏季要穿长袖衬衫，系领带，不要穿短袖衬衫或休闲衬衫。

②西装的色调要以给人稳重感觉的深素色为主，如藏青色、蓝色、黑色、深灰色等。

③配套的衬衫最简单的选择是白色。

④领带应选用丝质的，领带上的图案可以根据自己的爱好选择，最好是单色，能够和各种西装和衬衫相配。单色为底，印有规则重复的小型图案的领带，格调高雅，也可选用。斜条纹的领带能表现出你的精明。领带在胸前的长度以达到皮带扣为好。如果一定要用领带夹，应夹在衬衫第三和第四个扣子中间的位置。

⑤深色的袜子配黑色的皮鞋，皮带要和西装相配。皮鞋、皮带、皮包颜色一致，一般为黑色。

⑥眼镜要和自己的脸型相配，镜片要擦拭干净。

⑦钢笔一定不要插在西装上衣的口袋里，这个口袋是起装饰作用的。

3.准备要领

①守时是职业道德的基本要求。最好提前15~25分钟到达面试地点，以表示求职者的诚意，给对方信任感。同时可以先熟悉一下环境，找到准确的面试场所，还可以稍微休息一下，稳定情绪，进一步做好面试前的思想和心理准备。尽量不要迟到，因为迟到被视为缺乏自我管理和约束能力的表现。

②穿戴不要太华丽。得体的衣着会给面试官留下美好的印象，但是过于华丽的穿戴会影响面试官对求职者内在气质和真实水平的判断。要注意以下几点：一是不要让衣着打扮显得做作，自然、舒适、端庄是最重要的。二是为了避免穿上新衣服的不舒服和不适应，最好提前一两天开始穿戴，以适应新衣服。

③准备好求职简历，如觉得需要，可以带精致面皮的笔记本和笔。面试时要多带几份简历。在面试官从众多求职者的简历中翻找自己简历时，递上提前准备好的简历，会让面试官觉得很舒心。

④平时进行表情练习。面试之前对着镜子模拟面试的真实场景，观察自己的表情，找出最能表达自己特征和水平的仪表和姿态。面试当天早晨，做些简单的缓解脸部肌肉紧张的运动，可以从发"啊""噢""哦""呜"等音开始。

⑤整理和汇总面试需要的简单常识。人们在紧张时往往会出现"舌尖现象"，即平时熟知的事物突然记不起来。把一些常用词汇、时事用语、经济术语整理一下，面试前随手翻阅。所整理的词汇可根据具体应聘职务的不同而有所不同。

⑥面试前5分钟检查一下仪容仪表。用小镜子照一下，看看是否需要补妆、发型有没有乱、口红及齿间有没有食物等。在一切准备就绪的状态下，从容地接受公司的面试。

⑦尊重接待人员。到达面试地点后，应主动向接待人员问好并做自我介绍，同时要服从接待人员的统一安排。

二、面试进行阶段

1.眼神

交流时不要低头，目光要注视对方，看着对方的眼睛或眉间，不要回避对方的视线。万万不可盯着别人看，那会让人觉得很突兀。做出具体答复前，可以把视线投在对方背后，如墙上约两三秒钟做思考，不宜过长。开口回答问题时，应把视线收回来。如果面试官不止一个人，要经常用目光扫视一下其他人，以示尊重和平等。

2.握手

当面试官朝自己伸出手时，握手的时候应当坚实有力，双眼要注视对方，不要太用力，不要使劲摇晃。不要用两只手，用这种方式握手在西方公司看起来不够专业。手应当是干燥、温暖的。如果在匆忙赶到面试现场的情况下，应用凉水冲冲手，使自己保持冷静，如果手心发凉，就用热水暖一下。

3.坐姿

在没有听到"请坐"之前，绝对不可以坐下，否则会给面试官不好的印象。要注意坐下时，要坐在主考人员指定的座位上，不要随意挪动已经安排好的椅子的位置，入座时要轻、稳、缓。一般从椅子的左边入座，离座从椅子右边离开。不要紧贴着椅背坐，也不要在椅沿轻坐，一般以坐满椅子的2/3为宜。并拢双膝，把手自然地放在上面，坐下后身体要略向前倾。这既可以让你腾出精力应对考官的提问，也不至于让你过于放松。

4.表情

大多数人面试时都会很紧张，这会使应试者的表情不自然。其实，保持自信的微笑，从容镇定，把自己的真挚和热情写在脸上，才能让人产生值得信赖的好感。大方地注视对方，不可游移不定、左顾右盼，让人怀疑你的诚意。

5.谈吐

语言是求职者的第二张名片，它客观反映了一个人的文化素质和内涵修养。面试时对所提出的问题要对答如流，恰到好处，不要夸夸其谈。

谈吐上应该把握以下几点：

①要突出个人的优点和特长，并有相当的可信度。语言要简洁、有力，不要拖泥带水，轻重不分。

②要展示个性，使个人形象鲜明，也可以适当引用别人的言论，如老师、朋友的评论来支持自己的描述。

③坚持以事实说话，少用虚词、感叹词。在回答问题时，对方问什么答什么，问多少答多少，切忌问少答多、问多答少。

④要注意语言逻辑，介绍时层次分明、重点突出。注意把握谈话的重点，不要离题，不要啰唆，一个说话不得要领的人，也是一个思路不清晰的人。在回答任何问题时都要诚实，做到准确客观，不可编造谎言、夸夸其谈、炫耀自己，令人心生反感。

⑤尽量不要使用简称或口头语，以免对方难以听懂。当不能回答某一问题时，应如实告诉对方，含糊其词和胡吹乱侃会导致失败。

⑥要注意在面试过程中敬语的使用，使用过分夸张的敬语是一件令双方都很尴尬的事。

6.举止

面试时要保持微笑，与人目光接触，集中注意力，可以从眼中捕捉信息。求职者要懂得握手礼仪，并使用正确的站姿、坐姿、蹲姿、走姿，举止大方，避免小动作。

走进面试间前，口香糖和香烟最好都收起来，因为大多数的面试官都无法忍受你边面试边嚼口香糖或吸烟。自己的名字被喊到，应有力地答一声"是"，然后再走向房间。进门时应先敲门，即使房门虚掩，也应礼貌地轻轻叩击两三下，得到允许后，再走向房间轻轻推门而进，然后顺手将门轻轻地关上。整个过程要自然流畅，开门关门尽量要轻，以显示个人良好的习惯。向面试官行过礼后，清楚地说出自己的名字。

在面试过程中，通过主动的交谈传递出面试官需要的信息，展示出你的能力和风采。聆听也是一种很重要的礼节。不会听，也就无法回答好面试官的问题。良好的交流是建立在聆听基础上的。

无论谈话投机与否，或者面试官有其他的活动，如暂时处理一下文件、接个电话等，都不要因此分散注意力。不要四处看，显出心不在焉的样子。如果你对对方的提问漫不经心，回答问题时言论空洞、随意解释、轻率下断语，借以表现自己的高明，或是连珠炮似的发问，让对方觉得你过分热心和要求太高，以至于难以对付，这都容易破坏交谈，是不好的交谈习惯。忌一边说话一边玩弄手指，支支吾吾地小声说话，眼神飘浮不定，夸张的肢体动作，以及不停地看表。

三、面试后续阶段

1.适时告退

当考官有意结束面试时，要适时起身告辞，面带微笑地表示谢意，与考官等人道别，离开房间时轻轻带上门。出场时，别忘了向接待人员道谢和告辞。

2.道谢

面试结束时，为给对方加深印象，或弥补面试时的不足。不论你是否顺利被录取，得到梦寐以求的工作机会，或者只是得到一个模棱两可的答复，都要表示感谢。

◆ 任务演练

情境模拟：

两名学生到某公司应聘总经理助理。

角色扮演：

学生四人为一组，完成下列内容：

①两人扮演学生，两人扮演面试官，进行模拟面试。

②学生扮演的角色互换，再进行一次面试。

检测要点：

考查学生面试准备阶段、面试进行阶段、面试后续阶段的礼仪知识掌握情况。

◆ 拓展提升

面试禁忌

1.忌与旁人唠叨

在接待室恰巧遇到朋友或熟人，旁若无人地大声说话或笑闹，对刚才面试的过程大肆渲染，这是极不礼貌的表现，实际上面试官可能在暗中观察面试者的其他表现。因此，要特别注意这种行为禁忌。

2.忌犹豫不决

求职者应聘时举棋不定的态度是不明智的，这样容易让招聘者，也容易让面试官感到面试者缺乏必要的诚意，是个信心不足的人，甚至怀疑其工作能力。

3.忌面试时的小动作

如折纸、转笔、玩弄衣袋或发辫、身体摇摆或抖动等，这样会显得很不严肃，分散对方注意力。不要乱摸头发、胡子、耳朵，这可能被理解为你在面试前没做好个人卫生。用手捂嘴说话是一种紧张的表现，应尽量避免。

4.忌"亲友团""情侣档"的陪同

面试时，莫让他人陪同入场。有的求职者面试时，习惯带上同学或亲戚前往，以消除紧张或给自己当参谋，其实这种做法对求职者是不利的。由于他人在场会使面试尴尬，也会给面试官留下缺乏自信心、独立性不强的印象，容易被淘汰。

◆ **任务评价**

序号		评价要点	得分/分	总评
1	知识（30分）	①了解面试准备的内容（15分）		A（86~100分）B（76~85分）C（60~75分）D（60分以下）
		②掌握面试过程中的具体礼仪规范（15分）		
2	技能（40分）	通过情境模拟、角色扮演的方式，理论结合实际，能够正确、规范地运用面试礼仪（40分）		
3	素养（30分）	①良好的沟通交流能力（10分）		
		②团队协作精神（10分）		
		③分析问题、解决问题的能力（10分）		
合计	（　　）分	等级评定　□A.优秀　□B.良好　□C.合格　□D.有待提高		

［任务二］

行进礼仪

◆ **任务目标**

知识目标	①掌握电梯礼仪的要点 ②掌握行进次序的礼仪规范 ③熟悉及掌握引导礼仪的内容 ④掌握乘坐轿车的礼仪规范
技能目标	能在坐电梯、乘车等场合正确合理运用相关礼仪
素养目标	树立规范得体的交往礼仪意识

◆ **任务情境**

　　小郑刚参加工作不久，公司举办了一次大型的产品发布会，邀请国内很多知名企业参加。小郑被安排负责接待工作。接待当天，小郑早早地来到机场。当接到来参加发布会的客人时，他主动说："您好！是来参加发布会的吗？请问您的单位及姓名，以便我们安排好食宿。"同时有条不紊地做好记录，并带领客人乘车来到会场。小郑帮客人引路时，一直小心翼翼，虽然他平时走路很快，但特意放慢脚步，与客人保持不远的距离。上下电梯时，小郑也是走在前面，做好引导工作。小郑原本以为很简单的工作，却几次被上司批评做得不到位。

想一想

如果你是小郑，你该如何做？

◆ 任务学习

一、电梯礼仪

1. 等候电梯

电梯门口如有很多人在等候，请勿拥挤或挡住电梯门口，以免妨碍电梯内的人出来，而且应先等电梯内的人出来之后方可进入，不可争先恐后。

2. 进出电梯

①靠电梯最近的人先上电梯，然后应为后面进来的人按住开门按钮。男士、晚辈或下属应该站在电梯开关处提供服务，并让女士、长辈或上司先行进入电梯，自己再随后进入。

②在电梯里，尽量站成凹字形，挪出空间，以便让后进入者有地方可站。进入电梯后，身体正面应朝电梯口，以免造成面对面的尴尬。

③出电梯时，靠电梯门最近的人先走。男士、晚辈或下属应站在电梯开关处提供服务，并让女士、长辈或上司先行出电梯，自己再随后出去。在前面的人应靠边站，如果有需要应先出电梯，以便让后面的人出去再返回电梯。

④进出电梯要礼让，先出后进。遇到老幼病残孕者，应让他们先行。

⑤电梯到达目的地时，如你站在后排而要先出，应先说"对不起"，再请别人避让。

3. 共乘电梯

①电梯是公众场合，在遇见熟人或领导时，表示的热情要适度，礼貌地道声"您好"就可以了，不要问寒问暖跟着说个没完。

②出入有人控制的电梯，应后进去后出来，让长辈或领导先进先出。把选择楼层的权利让给地位高的人或客人。如对方初次光临，对公司不熟悉，应该为对方指引方向。

③出入无人控制的电梯，应先进后出并控制好开关按钮。酒店电梯设定程序一般是30秒或45秒，时间一到，电梯就关门。有时上电梯的人较多，导致后面的人来不及进电梯，应控制好开关按钮，让电梯门保持较长的开启时间，避免给后面的人造成不便。

④如果这趟电梯已经非常拥挤，那么应该请同行的人先上，你等下一趟。

⑤如遇到熟人或领导先下电梯，应该说一句"慢走"，如果需要先下电梯，也应该

向其打声招呼说"我先走一步"。

⑥与领导共乘电梯时，身为下属最好站在电梯口处，以便在开关电梯时为上司服务。领导的理想位置是在对角处，以使得两人的距离尽量最大化，并卸下下属的心理负担。

在电梯里讲话时不宜盯着对方的眼睛，目光可适当下移，以嘴巴和颈部为限。因电梯空间很小，所以讲话时最好不要有手部动作，更不能指手画脚，动作过大。打破沉默并不是下属的专利，上司也可利用这段时间增进对下属的了解。如果上司正在思考或明显不想开口，下属也完全没必要非要找个话题。酒后或吃大蒜后，最好嚼块口香糖再上电梯，香烟则应在上电梯前掐灭。

⑦伴随客人或长辈来到电梯前，应主动先按电梯按钮。电梯门打开时，先行进入电梯，一手按开门按钮，另一手按住电梯门，礼貌地说"请进"，请客人们或长辈们进入电梯。进入电梯后，按下客人或长辈要去的楼层按钮。若电梯行进间有其他人员进入，可主动询问要去几楼，帮忙按下。电梯内可视状况决定是否寒暄，如没有其他人时可略做寒暄，有外人或其他同事在时，可斟酌是否寒暄。电梯内尽量侧面对着客人。到达目的楼层，一手按住开门按钮，另一手做出请出的动作，可说"到了，您先请"。客人走出电梯后，自己立刻步出电梯，并热诚地引导行进的方向。

4.注意事项

①较靠近电梯门口处，为第二顺位。

②目视电梯上的楼层显示屏，不要盯着身边的人看。

③不要大声讲活，更不能大声喧哗。若手机响起请压低声音并尽快结束通话，不要谈论他人隐私或商业机密。

④不吸烟，不吃东西，不可乱丢垃圾。

⑤不要对着电梯里的镜子，旁若无人地理头发或涂口红。避免过度使用香水。

⑥切忌为了等人，让电梯长时间停在某一楼层，这样会引起其余乘客的不满。但也不要不等就在电梯门口的人，一上电梯就关门。如果电梯里人很多，不妨静候下一趟电梯。拎着鱼、肉等物品时，要包裹严密，尽量放在电梯角落，防止蹭在他人身上。

⑦注意安全。当电梯关门时，不要抓门，或是强行挤入。在电梯人数超载时，不要心存侥幸，非进去不可。当电梯在升降途中因故障暂停时，要耐心等候，不要冒险攀缘而行。

二、行进次序礼仪

1.行走姿势

行如风，行走迈步时，应脚尖向前方，脚跟先落地，脚掌紧跟落地。收腹挺胸，两臂自然摆动，节奏快慢适当。步姿要领：挺胸、抬头、两眼平视、轻快平稳、步态和步位合乎标准。步速适中，忌八字脚、身体摇晃，或者扭捏碎步。

2.行走的位置

两人并行时，右者为尊；两人前后行进时，前者为尊；三人并行，中者为尊，右边次之，左边更次之；三人前后行进时，前者最为尊贵。

3.街道行走礼仪

（1）行走路线要固定

一个人独步街头，行走的路线应尽量成直线。如果不是寻找失物，就不要在行进中左顾右盼、东张西望。

（2）遵守行走规则

步行要走人行道，行人靠右，并且让出盲道。过马路时"宁停三分，不抢一秒"，走人行横道、天桥或地下通道，切忌翻越绿化带、隔离栏。

（3）行走也要有风度

男女同行时，男士应该主动走在靠近街心的一边，让女士靠自己的右侧行走。人行道的右内侧是安全而又尊贵的位置，若你作为秘书陪同上司、客人外出，应将其让给上司、客人行走，你走在外侧。当走到车辆较多或人流较多的地方，你应先走几步，同时提醒、引领、照顾同行的人。

（4）约束不良行为

行走时不要吃食物。不要在路上久驻攀谈或是围观看热闹，更不能成群结队地在街上喧哗打闹。如果行走时提着物品，应留神别让自己提的物品阻拦或碰撞他人。注意行走位次内侧高于外侧，右侧高于左侧，居中为上，前排为上。

4.上下台阶的礼仪

上下台阶应注意一步一阶，不可并排而行挡住后面的人；上楼梯时，应让尊者或女士走在前面；下楼梯时，尊者或女士应走在后面。雨天地面潮湿，台阶容易湿滑，上下台阶不可推搡前面的行人或强行抢道。

三、引导礼仪

1.引导位置

引导人员站在来宾的左前方，距离来宾0.5~1.5米（社交距离）。来宾人数越多，引导的距离也应该越远，以免照顾不周。

2.引导手势

（1）前摆式

在引导时，大多使用前摆式手势。四指并拢，拇指靠向食指，手掌伸直，由身体一侧自下而上抬起，以肩关节为轴，到腰的高度再由身前左方或右方摆去，手臂摆到距离身体15厘米处，并在不超过躯干的位置停止。目视来宾，面带微笑。在引导过程中，女性的标准礼仪是手臂内收，然后手尖倾斜上推，对客人说"请往里面走"，显得很优美；男性要体现出绅士风度，手向外推。同时站姿要标准，身体不能倾斜。

（2）横摆式

以右手为例，将五指伸直并拢，手心不要凹陷，手与地面成45°，手心向斜上方，腕关节微屈。做动作时，手从腹前抬起，至横膈膜处，然后以肘关节为轴向右摆动，到身体右侧稍前的地方停住。同时双脚形成右丁字步，左手下垂，目视来宾，面带微笑。这是在门口处常用的谦让礼的姿势。

（3）曲臂式

当一只手拿着东西，扶着电梯门或房门，同时要做出"请"的手势时，可采用曲臂式手势。以右手为例，五指伸直并拢，从身体的侧前方向上抬起，至上臂离开身体的高度，然后以肘关节为轴，手臂由体侧向体前摆动，摆到手与身体相距20厘米处停止，面向右侧，目视来宾。

（4）斜下式

请来宾入座时，手势要斜向下方。首先用双手将椅子向后拉开，然后一只手屈臂向前抬起，再以肘关节为轴，前臂由上向下摆动，使手臂向下成一斜线，并微笑点头示意来宾入座。

3.引导语言

要有明确而规范的引导语，多用敬语"您好""请"等，以表达对来宾的尊重。

4.引导具体地点

（1）走廊处

引导人员应走在来宾前方两三步远，来宾走道路的中央，自己走在走廊一侧，与来宾步调保持一致。

（2）楼梯处

当引导来宾上楼时，如来宾是男士，应该让来宾走在前面，引导人员走在后面，如来宾是女士，引导人员走在前面；若下楼梯时，应有引导人员走在前面，来宾走在后面。途中要注意引导客人，拐弯或有楼梯台阶的地方应使用手势，并提醒客人"这边请""注意楼梯"等。

（3）电梯处

①引至电梯口。如果只有一位来宾，引导人员按住按钮，请客人进入；如果有两位以上来宾，引导人员与电梯成90°站立，用靠近电梯门一侧的手采用直臂式手势护梯，另外一只手用回摆式邀请来宾进入。

②陪同进入。如果只有一位来宾，先请来宾进入，然后引导人员紧跟进入，站到电梯内控制按钮附近，身体背对电梯，与电梯门成90°。如果有两位以上来宾，先说"请稍等"，然后走进电梯，用另一只手邀请来宾进入。电梯内尽量侧对客人。出梯时，按住按钮，说"您先请"，等来宾都走出后，再出电梯继续引导。

四、乘坐轿车的礼仪

在正式场合，乘坐轿车时一定要分清座次的尊卑，并在自己合适之处就座。而在非正式场合，则不必过分拘礼。座次礼仪规则可概括为"四个为尊，三个为上"。"四个为尊"是指客人为尊、长者为尊、领导为尊、女士为尊，此四类人应为上座。"三个为上"是指方便为上、安全为上、尊重为上，以这三个原则安排座次，其中"尊重为上"最重要。

1.乘车座次

轿车座次的尊卑，从礼仪来讲，主要取决于以下四个因素。

（1）轿车的驾驶者

驾驶轿车的司机一般有两种：一是轿车主人，二是专职司机。国内目前所见的轿车多为双排座和三排座，车上座次尊卑的差异如下：

①主人亲自驾车：

当主人或领导亲自驾车时，一般称为社交用车，上座为副驾驶座。一般前排座为上，后排座为下；以右为尊，以左为卑。这种坐法体现出"尊重为上"的原则，体现出客人对开车者的尊重，表示平起平坐，亲密友善。

双排五人座轿车，尊卑顺序为副驾驶座→后排右座→后排左座→后排中座。

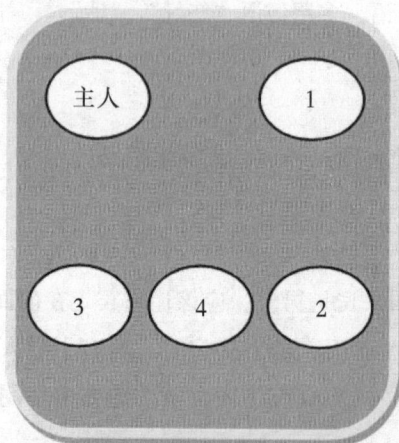

三排七人座轿车，尊卑顺序为副驾驶座→后排右座→后排左座→后排中座→中排右座→中排左座。

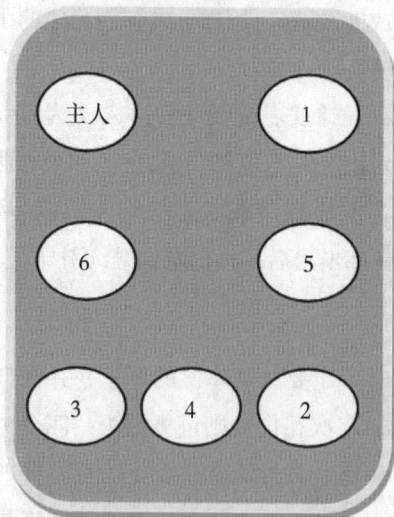

三排九人座轿车，尊卑顺序为前排右座→前排中座→中排右座→中排中座→中排左座→后排右座→后排中座→后排左座。

乘坐主人驾驶的轿车时，最重要的是不能冷落主人，也就是不能令前排座位"虚位以待"。若主人亲自驾车，车上只有一名客人，则客人务必就座于前排。若此刻车上的乘客不止一人，则其中地位、身份最高者坐前排。如果前排客人中途下车了，则应立即依次替补上去。由男士驾驶自己的轿车时，若夫人或女友在场，她一般应坐在副驾驶座上。

由主人驾车送其友人夫妇回家时，友人之中的男士一定要坐在副驾驶座上，与主人相伴，不宜形影不离地与自己的夫人坐在后排，那将是失礼之举。若同坐多人，中途前座的客人下车后，在后座的客人应改坐前座，此项礼节最易被疏忽。

②专职司机驾车：

此时由于右侧上下车更方便，因此要以右尊左卑为原则，同时要以后排为上，前排为下。在接待非常重要的客人时，比如政府要员、重要外宾、重要企业领导，这时上座是司机后座，因为该位置的隐秘性好，而且是车上安全系数较高的位置。

双排五人座轿车，尊卑顺序为后排左座→后排右座→后排中座→副驾驶座。

三排七人座轿车，尊卑顺序为二排右座→二排左座→后排中座→三排右座→三排左座→副驾驶座。

三排九人座轿车，尊卑顺序为中排右座→中排中座→中排左座→后排右座→后排中座→后排左座→前排右座→前排中座。

【注意】

在轿车上女性不宜坐于男性中央。

（2）轿车的类型

前面的方法，主要适用于双排座、三排座轿车，对其他特殊类型的轿车并不适用。

多排座轿车是指四排及四排以上座次的大中型轿车。不论其由何人驾驶，均以前排为上、后排为下；以右为尊，以左为卑；并以距离前门的远近来排定其具体座次的尊卑。

在大中型轿车上，通常合礼的座次排列应当是由前到后、由右到左。位次的排列由尊到卑依次为：第一排右侧右座，第一排右侧左座，第一排左侧右座，第一排左侧左座；第二排右侧右座，第二排右侧左座，第二排左侧右座，第二排左侧左座；第三排右侧右座，第三排右侧左座，第三排左侧右座，第三排左侧左座……以此类推。

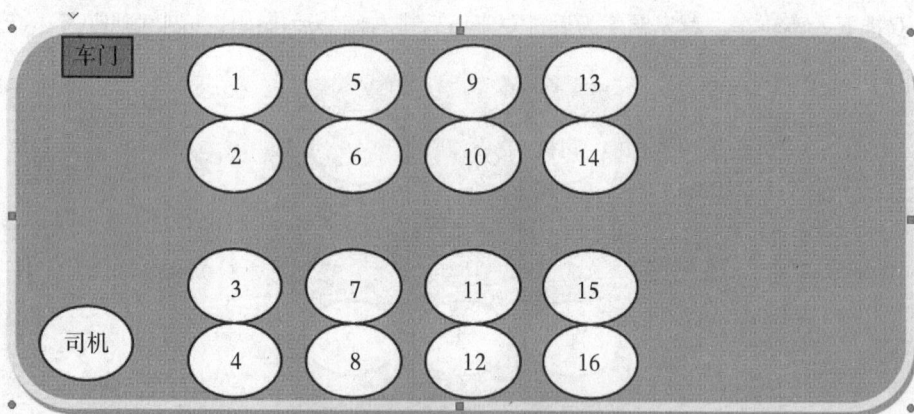

（3）轿车座次的安全系数

从某种意义上讲，乘坐轿车理应优先考虑安全问题。在轿车上后排座位比前排座位要安全得多。最不安全的座位，当数前排右座；最安全的座位，当数后排左座（驾驶座之后）或是后排中座。

当主人亲自开车时，以副驾驶座为上座，既是为了表示对主人的尊重，也是为了显示与之同舟共济。由专人驾车时，副驾驶座一般也叫随员座，通常坐于此处者多为随员、译员、警卫，等等。

鉴于此，一般不应让女士坐于有专职司机驾驶的轿车的前排座，孩子与长者也不宜在此座就座。

（4）车上嘉宾的本人意愿

在正式场合乘坐轿车时，应请长者、女士、来宾就座于上座，这是给予对方的一种礼遇。与此同时，更为重要的是不要忘了尊重嘉宾本人的意愿和选择，并将这一条放在首要位置。必须尊重嘉宾本人对轿车座次的选择，嘉宾坐在哪里，即应认定哪里是上座。即便嘉宾不明白座次，坐错了地方，也不要轻易对其指出或纠正，务必要讲"主随客便"。

2.上下车的礼仪

①让尊者先上后下。即请尊者先上车，坐到上座，位卑者要先下车，为尊者打开车门。一般情况下，男女同车时，男士应主动为女士开车门；出席商务场合时，如果男士

的职务高于女士，则不必讲究。

②商务人员自己在上下车时，动作应当温柔一点，不要弄得铿锵作响。上下车时，不要大步跨越、连蹦带跳。穿短裙的女士在上车时，应首先背对车门，坐下之后再慢慢地将并拢的双腿一起收入车内，然后再转向正前方。

③当主人陪客人同乘一辆轿车时，主人应为同车的第一主宾打开轿车的右侧后门，用手挡住车门上沿，防止客人碰到头；客人坐好后再关门，注意不要夹了客人的手或衣服；然后从车尾绕到左侧为另外的客人开门或自己上车。

④如果和女士、长辈一同乘车，应请女士、长辈先上车，并为其开关车门。抵达目的地时，主人首先下车，然后为客人打开车门。

⑤如果乘坐旅游车或面包车等交通工具，应让尊者、宾客先上车。下车时，尊者、宾客在主人之后。

⑥倘若女士裙子太短或太紧不宜先上车时，男士可主动把上下车方便的座位让给女士。女士得体的乘车方法：上车时，先背对车座，轻轻坐在座位上，然后合并双脚并一同收入车内；下车时，也要双脚同时着地，不可跨上跨下，有失雅观。

3.注意事项

①乘车时，不要随意挪动车内物品。

②要自觉保持车厢整洁，不要将垃圾留在车厢内。

③车内尽量不要吸烟。

④不要随便脱掉外套，要保持得体的仪表。

⑤与人同车，可适当交谈，但一定要适度。

⑥领导之间若是在谈工作，除非问到你或希望你介入，否则尽量不要插话。

◆ 任务演练

情境模拟：

场景一：

小王在等电梯，站在最前面。电梯来了，小王是第一个进入电梯的人。电梯门刚关上，他的电话就响了。小王接完电话不久后到达了目的地，有几个人和小王一起走出电梯。

场景二：

小张毕业后在B公司总经理办公室工作。A公司是B公司的主要客户。某一天，A公司刘副总经理到B公司来洽谈新的合作项目。小张陪同B公司李经理坐车（有司机）到机场迎接。

场景三：

小李在公司门口迎接一位年长学者，并把他带到指定地点开会。

任务要求：

请同学们分组扮演不同角色，演练不同场景。

检查要点：

考查学生对电梯礼仪、行进次序礼仪、引导礼仪、乘车礼仪的掌握程度。

◆ 任务评价

序号		评价要点	得分/分	总评
1	知识（30分）	①掌握电梯和行进次序礼仪的基本知识（15分）		A（86~100分） B（76~85分） C（60~75分） D（60分以下）
		②掌握引导礼仪、乘坐轿车礼仪的内容（15分）		
2	技能（40分）	通过情境模拟、角色扮演的方式，理论结合实际，能够正确、规范地运用行进礼仪（40分）		
3	素养（30分）	①良好的沟通交流能力（10分）		
		②团队协作精神（10分）		
		③分析问题、解决问题的能力（10分）		
合计	（　　）分	等级评定 □A.优秀　□B.良好　□C.合格　□D.有待提高		

活动园地

　　请同学们六人一组，在学校综合楼大厅模拟特定场合商务礼仪中的行进礼仪内容，包括电梯礼仪、行进次序礼仪、引导礼仪。

注意事项：

①电梯中注意安全，不要影响他人的行进。

②行进过程中保持微笑，注意次序。

③引导过程中引领人员的手势要正确、得体，有明确规范的语言。

HUODONG YUANDI